Émilien TAURIAC

La Chanson des Vaincus

BORDEAUX
FERET ET FILS
LIBRAIRES-ÉDITEURS
9, RUE DE GRASSI, 9

1927

PRIX : 10 francs.

La Chanson des Vaincus

OUVRAGES DU MÊME AUTEUR

Le Catéchisme du Peuple.
La Course au Gouffre, Satires.

EN PRÉPARATION :

Nouveaux Chants des Vaincus.
Spartacus moderne.

Émilien TAURIAC

La Chanson des Vaincus

BORDEAUX
FERET ET FILS
LIBRAIRES-ÉDITEURS
9, RUE DE GRASSI, 9

1927

Au seuil de ce livre, qui fut un peu pensé dans leur maison des Granges,

A Madame et au Docteur BEAUFORT

Officier de la Légion d'Honneur,
Croix de Guerre

Je veux témoigner de ma fervente amitié.

E. T.

PREMIÈRE PARTIE

LES RÉSIGNÉS

Précautions oratoires.

La Poésie est-elle un jeu de désœuvrés,
D'amateurs, par Chloris promus bourreaux de lyre?
Un tournoi des salons doctement manœuvrés,
Dont les fades Élus font fuir qui veut les lire
Et qu'Alceste maudit, devant les écouter?
Est-elle une gageure où, barde ésotérique,
Trissotin songe-creux s'applique à dérouter
Ses suivants, égarés par sa verve excentrique?
Est-il indispensable à qui prétend rimer
De passer à genoux sous les fourches caudines
De la Minerve en voix, qui ne sait qu'exprimer
Son affreux scepticisme en chansons anodines?
Le Poète, aujourd'hui, doit-il s'émasculer,
S'il prétend réussir, se transformer en pleutre,
Ou, pédant sibyllin, dûment congratuler
Les dévots de son dieu musqué, de sexe neutre?
L'impur papier joseph du temple ouvrant l'accès,
Où trône impudemment l'impavide imposture,
Doit-il donc s'avilir pour marcher au succès,
Immolant l'Idéal à la littérature?
Non ! Sois honnête, Aède, et tu seras vainqueur.
La Poésie en fleur, trop intellectuelle,
Est contraire à son but : émouvoir. Vise au cœur
Celui qui cherche en toi, non la spirituelle

Et pure expression de l'art le plus subtil,
Mais l'émotion sainte, à ressentir divine,
Qu'il ne goûtera point si, ton vers volatil
Ne parlant que rébus, il faut qu'il te devine.
Vise au cœur, t'ai-je dit, oh! sans banalité,
Mais simplement, en phrase alerte et cadencée.
Le fard ajoute-t-il un charme à la beauté?
Le Modernisme est l'art de farder sa pensée.
En or mat et discret transmuant nos laideurs,
Prends l'inspiration où ton émoi la trouve.
Le Devoir est un thème à traduire en splendeurs
Aux militants du Mal que la raison réprouve.
Mais si, devant l'orgueil croissant du Parvenu,
Flétrissant ses abus dont Juvénal s'indigne,
Tu veux le flageller, conduis-le vil et nu
Devant l'aréopage où ta Muse l'assigne.

Chant liminaire.

En son délicieux prologue,
Se disant né loin du saint lieu,
Perse nie être un mystagogue
Connaissant les secrets du dieu
Dont maint poète se réclame.
Tout aussi villageois que lui,
Si j'entr'ouvre aujourd'hui mon âme,
En laquelle un reflet a lui
Des rayons dorant l'Hippocrène,
Quand s'y mire Apollon charmeur,
Ce n'est point qu'un goût fol m'entraîne
Vers Stylopolis en rumeur
J'obéis à l'instinct qui pousse
L'oiseau trillant, à cela près
Qu'il dit sa vie ardente et douce,
Les grains pour lui naissant exprès.
Tandis qu'ayant vu la souffrance
Dont se repaît l'orgueil vainqueur,
Bien que ce soit sans espérance,
J'ai besoin d'alléger mon cœur.

La chanson des morts.

Je sais la chanson triste et lente
Des morts, geignant durant la nuit,
De leur voix aphone et dolente
Que le vent module et traduit.
Ce lamento dont je frissonne,
J'en subis l'amertume un soir,
Imaginant le désespoir
De ceux à qui ne vient personne.

L'un soupirait : « La dent du givre
Est moins cruelle à mon cœur nu
Que le regret de ne pas vivre
Le temps de chasser l'Inconnu,
Apparaissant tel dans la glace
Où je m'admirais, jeune époux ! »
N'en doutez pas : ils sont jaloux
Les morts que, trop vite, on remplace.

Un second pleurait sur ce thème :
« Hélas! Novembre est écoulé,
J'attends encor mon chrysanthème ! »
Alternant, un pauvre, affolé :

« Rien, ni gazon, ni croix jolie,
Après comme avant, je suis seul ! »
Oh ! qu'ils ont froid dans leur linceul
Les nombreux morts que l'on oublie !

Beaucoup, beaucoup, songeant que même
S'ils revenaient, ils auraient tort,
Niaient : « Il est faux que l'on aime ! »
Et tous en chœur priaient : « Dieu fort !
Sois magnanime et leur pardonne,
Puisqu'ils seront punis ainsi :
Bientôt devenant, eux aussi,
Des morts qu'en terre on abandonne ! »

Telle est la chanson triste et lente
Que j'ai transcrite, un soir d'hiver,
A la voix lugubre et dolente
Du vent qui gémissait un air,
Afin que nul désormais n'ignore
Qu'à travers leur sort rigoureux,
Ils ont des jours moins douloureux
Les morts à qui l'on pense encore.

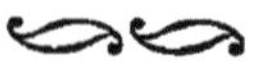

Ballade des tout-petits abandonnés.

Les enfants, que la mort moissonne
En tas, dans ses bras décharnés
Les emportant. Les pauvres-nés,
Serfs au maillot, que l'on rançonne.
Leurs suzerains enrubannés
Tétant leur lait, qui les façonne,
Naissent-ils donc prédestinés
Les tout-petits abandonnés ?

La cupide et vile matrone
Qui fuit, les sachant condamnés,
Ses intérêts examinés,
Et le mâle qui l'éperonne,
Ne seront-ils point consternés,
Un jour, ô Dieu, devant ton trône,
Les meurtres sont-ils pardonnés
Des tout-petits abandonnés ?

Mais la maman, qui papillonne
Au bras de mondains forcenés,
Singeant les grands infortunés
De l'amour, fous qu'elle aiguillonne,

Sourde aux cris d'appels obstinés
De son devoir, qu'elle bâillonne,
Les maux lui seront-ils aunés,
Des tout-petits abandonnés ?

ENVOI.

Prince, ô Législateur, ordonne
Qu'à l'avenir, sans qu'on pardonne,
Seront censés assassinés
Les tout-petits abandonnés !

Les pauvres vieux.

Les lents vieillards au chef tremblant,
Par l'âge auréolés de blanc,
Qui n'ont point amassé de rentes,
Et c'est le plus grand nombre, hélas !
Sont accablés, leurs membres las
Faisant d'eux des loques souffrantes.

Comme absents, l'air mystérieux,
Subissant les crocs furieux
De Misère et Vieillesse unies,
Sans y penser versant des pleurs,
Ils vont, ne rêvant que malheurs,
Et leurs peines sont infinies !

Ceux dont les fils, preux du devoir,
Se saignent afin de pouvoir
Bercer le mal qui les agite,
Au zénith de leur ciel voilé,
Ont un pan d'azur étoilé :
Du pain, du tabac, puis un gîte.

Mais si nombreux sont les chers vieux
Que l'on voit rôder, envieux
De ceux dont le teint s'enlumine,
La guerre ayant marqué leur seuil
De sa croix de filial deuil,
Les réduisant à la famine !

Appréhendant l'ordre inhumain
Qui claustre un gueux tendant la main,
Dans les quartiers veufs de police,
Ils vont glaner quelques gros sous,
D'ailleurs bientôt, trop tôt dissous,
Édulcorant mal leur calice.

Et quand, sur quelque rogaton
Abject et dur, tel leur bâton,
Ils martyrisent leurs gencives,
Les voyant, on maudit les jeux
Des affameurs, rêvant contre eux
De vengeresses offensives !

Par les jours clairs aux soirs charmants,
Qui font s'assembler les amants
Dans les jardins, vers les coins sombres,
Songeant qu'ils furent amoureux,
Ils sont encor plus malheureux,
Les pauvres vieux, vivantes ombres !

Alors, songeant que nul espoir
N'éclairera leur chemin noir,
Désormais, leur seule compagne
Étant l'impuissance aux doigts gourds,
Ils s'en vont plus voûtés, plus lourds,
Et la frayeur les accompagne.

Puis, un matin d'hiver cruel,
Dans son taudis ouvert au gel,
On trouve une chose effroyable :
C'est un vieillard, raide et figé
Dans ses rancunes d'affligé,
Qu'apaisa la mort pitoyable !

Saluons !

Ce cortège est celui d'une très vieille femme
Qui vient de mourir seule ayant eu trois enfants,
Trois fils, dans le forfait dont nous savons la trame,
Tombés en brave, au glas des canons triomphants.
Leurs parents, l'un de l'autre apaisant la souffrance,
Ont soutenu le choc, mais n'ont pu réagir.
Ils sont comme cela des tas d'êtres, en France,
Qui s'éteindront, n'ayant plus personne à chérir.
Des tas de grands vieillards qui mourront solitaires,
La volonté de vivre est le pouvoir d'aimer.
Nous léguant la beauté d'exemples salutaires :
N'ont-ils point tout donné sans jamais blasphémer ?
Le père a succombé dans l'agonie affable,
Donnant l'impression qu'il mourait de bonheur.
Et la mère le suit qui disait, ineffable :
« Ils ont dû réserver ma place au Champ d'honneur. »
Saluons ! C'est un peu notre Pays qui passe,
Dont le noble idéal dans ces âmes a lui,
Leur montrant un point bleu rayonnant dans l'espace,
Où leur soif d'amour pur se repait aujourd'hui.
Et là, devant le char emportant cette mère
Dont un espoir sublime embellit le trépas,
Enfourchant votre absurde et cruelle chimère,
Osez me dire encor que Dieu n'existe pas.

L'ours.

Naître poète et pauvre est le plus grand malheur!

Vous est-il arrivé de voir à la campagne
Un ours, qu'un Zingare mi-sauvage accompagne,
Faisant l'âne et dansant au son d'un tambourin?
Sans doute. Dès lors, quand payant le ballerin,
Au brun romanichel vous donniez votre obole,
N'avez-vous pas été frappé par le symbole
Incarné dans ce couple effrayant? Entre nous,
Ne songeâtes-vous point que cet ours c'était vous,
Qui, si souvent dansez sans en avoir envie,
Pour ce qu'on appela si bien : Gagner sa vie?
Dure nécessité qui nous conduis. O toi!
Qui te riant de nos rancœurs, de notre émoi,
Nous mets le caveçon, quel homme avide et rosse
Est plus que toi cruel, exigeant et féroce?
« Marche, nous dis-tu, marche aujourd'hui pour demain,
Peine, danse et te tais! »
Mais les fleurs du chemin,
L'Avril du cœur, les chants du ruisselet dans l'herbe,
Et les rêves déments, et les projets en gerbe?
Mais la femme et l'amour, les attraits des bosquets,
Tous les plaisirs, tout ce dont on fait des bouquets,

Heureux lors qu'on en fit assez ample récolte ?
Mais.
« Tu dis, malheureux, tu te mets en révolte?
Tu veux t'asseoir, rêver, poétiser, penser,
Aimer, que sais-je encor ?
Rien d'autre : Il faut danser,
Pour faire après la quête, Insensé !
Comme orchestre,
Sur ton cuir, le bâton que je tiens dans ma destre !
Allons, Martin, vil ours, laissant là ta fierté,
Fais une révérence à la société,
Puis aux autorités militaire et civile,
Par qui tu pus glaner ton pain dans cette ville.
Tu rêveras à ton loisir après cela :
Hé hop ! Lon lalirin, déri, déri, lon, la ! »

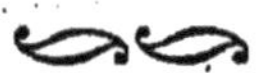

Ballade de celle que l'on n'aime pas

Végéter dans la solitude,
Sans chagrin, donc sans volupté,
N'espérant rien par lassitude,
Souffrir d'aimer, qu'est-ce à côté?
Qu'est-ce et combien donnerait-elle
Pour subir, avant son trépas,
Peine d'amour, qu'on dit cruelle,
La laide que l'on n'aime pas?

Las! riche, on la trouverait belle,
S'alarme-t-elle aux jours hideux!
Quand son cœur aimant lui révèle
La douceur des sommeils à deux,
Devant l'église, âpre et jalouse,
Oubliant jusqu'à son repas,
Elle va voir passer l'épouse,
La laide que l'on n'aime pas.

Et, rentrant, elle vit en rêve
Un : — Enfin seuls! — très émouvant.
Minute exquise, ardente et brève,
Dont le réveil est décevant,

Qu'ont provoqué des voix narquoises.
Oh ! L'or, elle en aurait des tas,
Si ces pleurs étaient des turquoises,
La laide que l'on n'aime pas.

Envoi.

Prince, ô Dieu bon, venez en aide
A la femme qui naquit laide.
Elle a son calvaire ici-bas,
La laide que l'on n'aime pas !

Désespéré.

Je suis malheureux comme un chien sans gîte,
A qui nul ne donne à lécher sa main.
Le besoin d'aimer m'affole et m'agite.
Et je n'ai personne. Et, sur mon chemin,
J'ai vu devant moi se fermer la porte
Au beau seuil, fleuri des yeux ingénus
D'une blonde enfant, d'apparence accorte.
Hélas ! je suis pauvre et vais les pieds nus.

Pauvre et seul, partout on me brutalise,
Comme si j'étais un pestiféré.
Or, étant entré dans la grande église
Afin d'y prier, cœur désespéré,
Le bedeau sournois me guettait dans l'ombre :
— Que veut Jean-mal-mis, terreur de tout lieu? —
Sans doute, a-t-il cru, me voyant très sombre,
Que j'étais venu lui dérober Dieu?

Je m'en suis allé, m'infligeant le blâme
De ne pas savoir borner mon amour
Au quignon de pain qu'on jette à mon âme.
Seigneur, est-il vrai que j'aurai mon tour

De bonheur, au ciel? O mort, viens donc vite;
Tu seras ma mie, au bord du chemin.
Je suis malheureux comme un chien sans gîte,
A qui nul ne donne à lécher sa main.

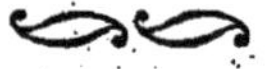

Expulsés.

Ciel d'hiver implacable, inondant la statue
D'un philanthrope, au fond. La scène est en plein vent.
Rue étroite et passants. Tout cela constitue
Le décor, un peu flou, de ce drame émouvant :

Sur le trottoir, sanie indiquant un ulcère,
Les meubles, table et lit, que laisse au malheureux
Le mont-de-piété, Shylock de la misère.
Puis une femme et deux enfants cadavéreux.

Quel chemin les mena vers cette fin brutale ?
Le mari buvait-il, s'enfuit-il en vaurien ?
Oh ! tant d'inconscients, dont la chute est fatale !
Quoi qu'il en soit, ils sont à la rue, et sans rien.

Ils ont été chassés, ce matin, de leur turne
Par l'huissier. Les chassant, il faisait son devoir,
Et nul cri n'a jailli de leur cœur taciturne :
A quoi bon s'attendrir, s'efforcer d'émouvoir ?

Qui prier, qui maudire, à qui s'en prendre, en somme,
Si ces petits n'ont plus de nid, pour geindre en paix ?
Dur, leur propriétaire est, sans doute, un brave homme :
Le sentimental-né ne s'enrichit jamais.

Ces palais que l'on voit, ornements de la ville,
Furent faits des quignons, qu'un sage préleva
Sur le pain de la Gent, par contrainte servile.
Pour jouir de ceci, sachons vouloir cela.

Poète, ô rêvasseur, qui prends tout au tragique !
Mais cette expulsion, c'est l'incident banal,
Vois : La vie autour d'eux continue, énergique,
Qui meurtrit les vaincus dans son orbe infernal.

Midi ! La faim rugit, en nous familière.
Les heureux vont du ciel célébrer la bonté.
Tiens, Laïs, aujourd'hui, plante la crémaillère,
Dans un bijou d'hôtel sertissant sa beauté.

De ce cadeau princier, le riche donataire,
Peut-être, et donna-t-il à l'huissier ses pouvoirs,
De ces trois malheureux est le propriétaire.
La fortune a des tas d'impérieux devoirs !

Les passants, faubouriens ayant à peine une heure,
Vont déjeuner, courant chacun vers son coin noir.
Le spectacle affolant de ces gens sans demeure,
Ils l'ont vu ce matin, le reverront ce soir !

Alors toi seule as tort, toi seule, ô pauvre femme,
D'avoir osé prétendre au bienfait social,
Alors que tu n'avais que ton cœur pour Sésame.
Fais-toi donc un bûcher de ton lit nuptial.

Meurs avec tes enfants, par eux sanctifiée!
La loi nous enjoignant de nous tendre la main,
Avec Jésus, ayant été crucifiée,
La mort seule a raison devant le monstre humain.

Femme déchue.

Je n'ai signé son pacte au Mal
Que sous les crocs de la misère
Et du nauséeux animal
Qui me rongeait, vivant ulcère !
Au carrefour, à tout venant,
M'encourageant de ma détresse,
Je vends mon corps, donnant donnant :
— Mon pain de fiel pour ton ivresse !

Le jour, claustrée en mon taudis,
Contre moi, prenant ma défense,
J'évoque un rêve, aimé jadis,
Dont se délecta mon enfance.
Un court instant me fut fatal :
Avril troublant ma chair démente,
Je subis le baiser brutal
Qui m'ouvrit la porte infamante.

Et tous les soirs, dupant la nuit,
Qui s'entremet parce qu'aveugle,
Je module au passant fortuit
Un appel tendre, où ma faim meugle.

Ainsi, je me tue en détail,
Attendant l'heure où, résolue,
Étant un sombre épouvantail,
Il faudra bien que je conclue.

Entrant dans la Cité des morts,
Que l'espoir d'un Grand Juge azure,
Te fuirai-je, affolant remords,
Enfin! redeviendrai-je pure?
Ma pauvre âme est un livre ouvert :
Lisez, mon Dieu, je suis sincère :
Pardonnez-moi; j'ai tant souffert
Sous les durs crocs de la misère!

Sainte d'amour.

Louison, fée aux doigts agiles,
Plissant fleurs et rubans fragiles,
Allégrement gagnait son pain.
Or, s'amouracha d'un clampin,
Qui vous la prit comme on dérobe
Un brin de lilas, en passant,
Pour aspirer son parfum d'aube
Et s'en griser, le cœur absent.

Une chanson, dans la nuit douce,
Évoquant, sur un lit de mousse,
Un couple idéal se couchant.
Et c'est sublime, et c'est touchant
Comme un soir bleu sur la colline,
Ce nid d'amants, dont on rêva,
Qu'animait une voix câline :
C'est l'amour qui passe et s'en va.

Adieu, fleurs et rubans fragiles,
Plissés de mes dix doigts agiles,
Quand de Maman j'étais l'orgueil !
Ma Louison, le cœur en deuil,

Se jette à l'eau, par la nuit brune,
Et son corps de sainte d'amour,
Qu'auréole un rayon de lune,
Lilas souillé, va, sans retour!

INVOCATION.

Quand tu la recevras, dans la salle azurée
Où les cœurs ingénus par toi sont attendus,
Jésus, dont la tendresse à nul n'est mesurée,
Apaisant les chagrins dans son âme épandus,
Fleurs au parfum mortel des amours mensongères,
Pardonnant son erreur, sans la légitimer,
Par l'imposition de tes deux mains légères,
Tu la rendras à Dieu, Toi qui mourus d'aimer!

Chasseur d'illusion.

N'ayant jamais goûté qu'au vin bleu de l'amour,
Encor très mal servi, prétend-il, l'âme ingrate,
Par des Phrynés, chiffrant vingt ans de carrefour,
Pauper, chauve et barbu comme l'était Socrate,

Sent son cœur subjugué, quand décline le jour,
Par ce qu'il dénomma : Ses mœurs d'aristocrate.
Lors, émerillonné, plus fier qu'un troubadour,
Sous son accoutrement douteux de vieux pirate,

Il se rend à l'affût, chasseur d'illusion,
Dans un lieu fréquenté des dames en dentelle,
Se poste, les détaille, et choisit la plus belle.

Puis il part, emportant l'Élue en vision,
Illuminé, sublime, oubliant sa détresse,
Et va rêver son rêve impur avec ivresse.

Ballade du bon pain.

Dis-nous la vie au trot fantasque
Des sens, étalons débridés,
Et les faux plaisirs, sous un masque
Dissimulant leurs traits ridés.
Exalte la Folie, ô Barde!
Je chante, invoquant Apollon,
Le labeur sain. — Oui, je retarde.
Seul le pain que l'on gagne est bon.

Passez, frêles émancipées,
O Garçonnes des temps nouveaux,
De lucre et de mode occupées,
Passez, mes refrains les plus beaux
Vont à l'amour que l'on bafoue,
S'incarnant dans un Cupidon
Pour lequel, père, on se dévoue.
Seul le pain que l'on gagne est bon.

Servants d'une erreur colossale,
Sceptiques, amants forcenés
De la Fortune en robe sale,
Agioteurs, viveurs damnés,

Le vice amoindrit et dévoie,
Qui fait de l'adulte un barbon ;
Seul, le labeur est saine joie,
Seul le pain que l'on gagne est bon.

ENVOI.

Prince, ô descendant de Sorbon,
Veux-tu faire une France neu e?
De mon dit, à tous fais la preuve :
Seul le pain que l'on gagne est bon.

L'éternelle chanson de l'éternel amour.

Virin, étudiant, s'éprit d'un ange blond,
Dont les yeux de bluet, reflets purs du ciel vaste,
Par leur candeur suave et leur attrait profond,
Dans son cœur flambant neuf d'enfant timide et chaste,
D'un désir effréné, jetèrent le brandon.
Et ce fut l'incendie : Au soir, dans les étoiles,
La nuit, dans la splendeur d'un divin abandon,
Le jour, dans ses bouquins, provocante et sans voiles,
Il la voyait partout, partout la devinait.
Et, bien que vue en songe, elle était accablante.
Et Virin devint sombre. Et Virin se minait.
Et, vers sa fin, Virin allait à marche lente,
Lorsqu'un jour de printemps réalisa ses vœux.
Il lui parla. Son cœur déborda :
« Madeleine,
Je vous aime ardemment. Je vous aime et vous veux.
Toutes les fleurs d'Avril sont en vous. Votre haleine
M'enivre. Et le désir de vous toute, à jamais,
M'obsède et me torture. Et vous êtes ma vie.
Et vous êtes l'unique. Et c'est vous que j'aimais
Vous ignorant au monde. »
Elle écoutait, ravie,

Les aveux enflammés du jeune et fol amant,
Semblant le défier : « Prends-moi donc, si tu l'oses ! »
Virin osa la prendre. Et cela fut charmant.
Les amours de vingt ans sont des apothéoses.

La fin de l'amour n'est pas la chanson
Que l'âme affamée
Chante en nous, voulant jouir du frisson
De la chair pâmée.

Les oiseaux, de l'amour éternels amoureux,
Dont les trilles, avec bonheur, nous rivalisent,
Les oiseaux, chantent-ils parce qu'ils sont heureux,
Ou bien sont-ils heureux parce qu'ils vocalisent?
Tout au plaisir, si grand qu'il nous fut mesuré,
D'aimer qui nous chérit, Élu de Madeleine,
Virin vécut six mois dans un ciel azuré,
Partageant le nectar dont leur coupe était pleine :
Baisers, serments, baisers, oh ! la douce chanson
Du désir, un phénix à vingt ans, qui nous grise,
Nous transporte, et qui fait de l'homme un enfançon
S'amusant aux refrains que va disant la brise.
Las ! l'enfançon blasé dissèque ses joujoux.
De nos jeunes amours, c'est l'histoire éternelle.
Saturé de bonheur, Virin devint jaloux.
Aimé de Madeleine, il la jugea charnelle,
Et, se croyant sa dupe, un soupçon l'affola.
Subissant les conseils que le Doute marmonne,
Dans une étreinte ardente, un soir, il l'étrangla,
Aussi vil que le More étouffant Desdémone !

Le parfum de sa bouche aux lèvres lui resta.
Puis il l'ensevelit, au matin, dans la plaine,
Ayant gravé ces mots sur la croix qu'il planta :
Avec mon cœur défunt, ici gît Madeleine!

La fin de l'amour n'est pas le plaisir
Né de la caresse
Des amants rêvant d'un commun désir
De mourir d'ivresse.

Usé, déçu, vieilli par la possession
Des beaux yeux dans lesquels il chercha Madeleine,
Et de sa prime Amante ayant l'obsession,
Aux jours amers, Virin va prier dans la plaine.
Très somptueusement, il fleurit le tombeau
De sa Chère et, fervent, devant lui s'agenouille,
Tandis que le remords, avide et vil corbeau,
Lui becquète le cœur et que son œil se mouille.
Et la prière ardente, à flots pressés, jaillit
Du tréfonds de son âme à sa lèvre. Et la plaine,
Sachant bien que sa Belle à l'amour ne faillit,
S'émeut au lamento qu'il pleure à Madeleine :
« O toi, mon premier rêve et de tous le plus cher,
Douce amante aux grands yeux de bluet, tu fus l'aube
Et tu fus le soleil rayonnant dans ma chair,
Qui t'aime et vibre encor en évoquant ta robe.
Va, tu vis, ma divine et toujours pure, en moi.
J'ai cru t'anéantir, mais tu vis, bien-aimée,
Et j'ai vécu ma vie à rechercher l'émoi
Qui me ravit, t'ayant sous mon baiser pâmée.

Berce mon cœur jaloux, que j'ai mis dans tes mains.
Redis-moi les aveux dont j'ai su la tendresse,
Et qui sont la clé d'or des paradis humains. »
Ainsi gémit Virin pleurant sur sa jeunesse.

La fin de l'amour est dans le baiser
Créateur de vie,
Seul baiser divin pouvant apaiser
Notre âme allouvie.

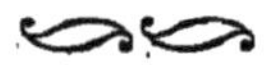

Églogue.

Juin. Dans les grands blés dorés,
Nouvellement décorés
De coquelicots sans tache,
Toine, un rude homme à la tâche,
Et sa femme, la Suzon,
Vont, admirant la moisson
Qu'un soleil torride active :
« Elle sera productive
Et mûre dans quelques jours,
Tâte, les épis sont lourds »,
Dit Toine, escomptant les gerbes
Qu'il dénombre et voit superbes.
Alors, tous deux sont troublés,
Évoquant ces tas de blés
Engrangés, leur apanage.
Ils songent que leur ménage
Est bien froid sans un Toinot :
« Oui, oui », ponctue un linot.
Se comprenant sans paroles,
Soudain, devenus tout drôles,
Ils s'effondrent enlacés
Sur un lit d'épis froissés.

Et activant leur caresse,
Ainsi qu'un travail qui presse,
Au dam des grillons surpris,
Ils écrivent à Paris.

Pastorale.

Je m'en étais allé vers les bois, l'âme en peine,
Espérant vaguement oublier mes douleurs
Au sourire apaisant de la campagne en fleurs,
Comme aux ajoncs l'agneau laisse un peu de sa laine,

Lorsqu'un vent embaumé, zélateur complaisant,
M'apportant sur son aile un gazouillis de bouches,
Je vis, près d'un labrit assis, happant des mouches,
Deux enfants, deux pasteurs enlacés se baisant.

Leurs troupeaux réunis, des brebis et des chèvres,
Paissant en paix, tous deux communiaient des lèvres,
Sous l'œil du chien, berger de bêtes et d'amants.

Je rentrai raffermi, rimant des patenôtres
Au ciel qui ravit l'un par le bonheur des autres,
Prétendant que pour tous il soit des jours charmants.

La prière de Suzette, demoiselle de magasin.

« Seigneur, envoyez-moi l'amour,
Dont la longue attente m'assomme,
Sous les espèces d'un brave homme
Qui m'épousera sans détour.
Qu'il soit timide ou non, qu'importe?
J'ai le physique encourageant.
Mais, S igneur, daignez faire en sorte
Qu'il ait surtout beaucoup d'argent,
Et que fort comme Polyphème,
Il soit de l'amour amoureux,
Car j'ai des soirs très langoureux
Et je veux l'aimer pour moi-même! »
Telle est l'oraison, chaque jour,
Dite avec ferveur par Suzette :
« Dieu, je me consume en disette,
De grâce, envoyez-moi l'amour! »

La Prière du poète.

Seigneur, au nom de qui l'insensé met en butte
A ses brocards, celui qui croit et prie. O Toi
Dont l'espoir seul, dans nous, peut museler la brute,
Puissant Roi de la terre et du ciel, entends-moi :

Au nom des malheureux qui sont le plus grand nombre,
De ceux que l'hiver tue et qui n'ont pas de feu,
Qui, n'ayant pain ni foi, sont révoltés dans l'ombre,
Je viens te supplier de nous aider un peu.

Entends-moi : Notre cause est la juste et la bonne.
Les hommes sont méchants qui n'ont jamais souffert.
Et le monde étant lui, l'égoïste abandonne
Le pauvre. Et c'est en vain que Jésus s'est offert.

Afin d'humaniser l'avare et mauvais riche,
Dis-lui que c'est de Bien qu'est faite la Beauté.
Semant l'amour de tous dans sa triste âme en friche,
Apprends-lui qu'on s'unit à Toi dans la Bonté.

Qu'il sente enfin le poids de ta droite terrible,
S'il reste aveugle et sourd devant nos maux sans fin,
Et qu'il soit tenaillé par le remords horrible
De se mourir d'excès quand le gueux meurt de faim.

Il reviendra de suite au devoir, très sincère,
Si tu veux de sa vie exiler le démon,
Car la fraternité naquit de la misère,
Et l'auteur de nos maux est le possessif : Mon !

Puis, le bon grain germant dans les cœurs en jachères,
Selon les vœux du Mort divin qui nous apprit
Qu'issus du même Dieu, nous sommes tous des frères,
Nous pourrons instaurer le règne de l'esprit.

La prière de la Terre au Soleil.

Quand le Soleil atteint l'horizon, se couchant
Dans l'azur empourpré du ciel qu'il incendie,
La Terre se recueille et le prie, en un chant
Dans lequel tout son être implorant psalmodie :
« Beau Soleil, lui dit-elle, ô généreux amant
Des fleurs, de l'églantine à l'aimable asphodèle,
De la ronce au lis pur, et dont le cœur aimant,
Dans l'univers entier, n'a pas une infidèle.
Toi qui, sur un char d'or, nous apportant le jour,
Avec sa lumière, œil de Dieu, partout pénètres,
Et, galant comme un preux des vieilles cours d'amour,
Souris aux jolis yeux des plus humbles fenêtres.
Foyer de vie ardente, ô mon toujours Promis :
Tu sais combien d'espoirs, quand jaunissait l'automne,
Me furent confiés, avec les chers semis,
Dans la foi du semeur au geste monotone.
Tu sais ma bienveillance acquise aux travailleurs,
Si peu nombreux, daignant labourer mon écorce.
Or, les entretenant de prochains jours meilleurs,
Afin de retremper leur vaillance et leur force,

J'ai dit :
« Bon courage! Août ramenant la moisson,
» Que je veux abondante au point de vous surprendre,
» Vous serez satisfaits :
« D'excellente boisson,
» De beaux fruits, de bon pain, vous aurez à revendre. »
Me serais-je, en promesse, avancée outrément?
L'espérance est pour tous la Fée indispensable.
Et les voyant peiner, je ne pouvais vraiment
Moins faire.
» Oh ! si soudain me rendant haïssable,
De ton devoir sacré méconnaissant les lois,
Tu voilais la splendeur, par quoi la gerbe est blonde,
Hélas! sans Dieu ni pain, l'homme mourrait deux fois.
Tu ne le voudras pas?
Sois doux à l'autre monde,
Éternel Désiré, mais fais ton retour prompt;
Je sais des millions de roses près d'éclore,
Or, quand l'aurore encor nous montrera son front,
Que ton ardent baiser de sa rougeur colore,
Ensemble se tournant toutes vers l'Orient,
De m'avoir exaucée, elles te rendront grâces.
A bientôt donc, chère âme, ô toi par qui riant,
Pleurant, mais espérant, se succèdent les races. »
Elle dit :
Aussitôt, laissant sur les sillons
Traîner la vaste ampleur de son écharpe brune,
La nuit vient, et, donnant leur signal aux grillons,
Ils entonnent un air, sérénade à la lune.

La pensée.

Déesse occulte, image adorablement belle
De ce qu'un Michel-Ange a conçu de plus pur,
Une femme est ma dame, à mon baiser rebelle,
Mais aimante et fidèle et dont je suis très sûr.

Son corps est souple et ferme et sa chair se veloute
De ce duvet si fin des pêches, en été.
Or, je n'ai jamais pu la prendre et l'avoir toute,
Bien qu'elle soit charmante et dorme à mon côté

Chaque jour, je l'implore. Aussitôt, inspirée
Par son désir de plaire à mon cœur, d'elle épris,
Elle accourt, se voyant la toujours désirée,
De ma sincérité, sa présence est le prix.

Le langage est divin de son âme à la mienne ;
Nous nous parlons, nos deux esprits se pénétrant,
Et je n'ai jamais lu, du moins qu'il m'en souvienne,
De poème aussi beau que son dit enivrant.

Quand, ses yeux dans les miens, elle me dit : « Je t'aime ! »
Elle empreint cet aveu d'une telle ferveur,
Elle est si bien disante, en brodant sur ce thème,
Que ses mets sont un miel, dont je bois la saveur.

Oh ! mes nuits d'insomnie à ses pieds de charmeuse,
Le désir fou poussant son cri de guerre en moi,
Alors que j'essayais d'animer ma dormeuse,
Voulant la voir vibrer de mon vibrant émoi !

Ai-je assez blasphémé, ma divine et sereine,
Te suppliant : « Tu m'es comme un défi vivant,
Et je veux m'abreuver de toi toute, ô ma reine,
Sous mon baiser vainqueur sentant ton corps mouvant ! »

Ai-je assez, devant toi, chanté l'idolâtrie,
Priant : « La bête immonde a rompu son licou,
Unissons-nous afin d'apaiser sa furie,
Sois mienne, unissons-nous et lui tordons le cou ! »

Un soir, c'était hier, ô Sirène idéale !
Je suppliais encor : « De grâce, unissons-nous ! »
Sentant gronder en moi la brute linéale,
Tu parlas, Minerve, et je me mis à genoux :

« Je suis la volupté des âmes. Si ma bouche
A cet attrait des fruits, ambrés par le soleil,
Qui, se fondant sitôt que la lèvre les touche,
Ne laissent d'eux, en vous, qu'un parfum sans pareil,

C'est que j'incarne, au gré de celui qui m'héberge,
La beauté captivant son désir du moment ;
Je deviens folle ou sage et suis succube ou vierge,
Selon qu'il est lui-même ou brutal ou charmant.

Et versant tour à tour vin bleu, pure ambroisie,
Enfer ou ciel, je puis te conduire en tout lieu;
Choisis, veux-tu rêver cynisme ou poésie?
La pensée, ô Poète, a plein pouvoir de Dieu. »

Pénombre.

Notre âme, ô vanité de la psychologie !
Atteint en profondeur l'abîme obscur des cieux.
C'est Psyché virginale improvisant l'orgie,
Dont l'ampleur déconcerte un Sade audacieux !

Tout homme est, pour tout autre, un être en deux person- [nes :
Celle qu'il montre, ayant préparé son maintien,
Et celle qui se cache, Ami, lorsque tu sonnes
Et dont jamais, jamais, tu n'apercevras rien !

Dès lors, sur quel principe asseoir la certitude ?
Si le crime est normal, que devient la vertu ?
La conscience humaine est une solitude
Où le lys croît, son fût de ronces revêtu.

Dans cet affreux dédale, indiquez-moi la route,
Ô Seigneur ! et m'armez d'un trait persuasif,
Car je vogue en dérive, accablé par le doute,
Le fiel de son calice est pour moi corrosif !

Ma foi prend sa clarté dans l'arc-en-ciel du songe.
C'est l'espoir auroral, mais ce n'est pas le jour.
Tout ment, tout se dément. La vie est un mensonge
Où le désir plagie impudemment l'amour.

O Mort! Amante ultime et suprême espérance,
Que peut nous révéler ton antre enténébré?
Ton baiser, simplement, endort-il la souffrance,
Ou donne-t-il l'envol vers un rêve azuré?

Simple histoire.

Nicette, à seize ans, fit la connaissance
D'un joli garçon, qui la fréquenta
Le temps, abusant de son innocence,
De lui faire un gosse et puis la quitta.
— Pfft! Souriez-vous, la chose est banale,
De ces abandons, j'en ai vu combien? —
La fin de l'histoire est originale
Et vaut d'être dite, écoutez-moi bien :
En donnant le jour à son fils, Nicette
Mourut, la torture abrégeant sa fin
De songer, qu'étant né d'une amusette,
L'enfant aurait froid, sans père, aurait faim.
La mort, aux heureux, semble épouvantable,
Qui sourit, amène, aux abandonnés,
Leur disant : « La vie est trop lamentable,
Venez, j'ai remède à tous maux, venez! »
L'orphelin, malgré d'aussi noirs auspices,
Bien constitué, robuste et normal,
Grandit, élevé par divers hospices,
Enfin devint homme et puis tourna mal.
Un méchant, souvent, n'est qu'un être à plaindre,
Qui pèche ignorant la douceur du bien,
Auquel on apprit tout ce qu'il faut craindre,
Mais qui, non aimé, n'aima jamais rien.

Quel remords cuisant, quelle peine amère
Le ressouvenir n'empêcha-t-il pas,
Des traits, à jamais chéris, d'une mère,
Dont l'image escorte et suit pas à pas?
Rôdeur à l'affût, par un soir sans lune,
Preste, il détroussa son père inconnu,
L'ayant assommé, sans autre rancune
Qu'il lui sembla riche, étant pauvre et nu !
— Ah ! fi du brutal ! C'est un mélodrame,
Tel qu'un Dennery les savait doser?
— Non, c'est de la vie ainsi qu'on la trame
Alors que, sans crainte, on peut tout oser,
Sachant la justice et la loi fâchées,
Au dam éternel du faible, impuissant,
Dans le corps souillé des mamans lâchées,
C'est le mal qui germe et fleurit du sang !

Vieille fille.

Laissé pour compte de l'amour,
Mademoiselle Sèche, aux jupes surannées,
Vécut un avril sans beau jour,
Et les fleurs de son âme ainsi furent fanées.

Acariâtre et cendrillon,
Elle grandit, grandit, maussade et désolée,
Prêle inconnue au papillon,
De par son caractère impossible isolée.

Jamais nul preux, la désirant,
Ne vint lui chanter faux la tant douce romance,
Bien moins encor nul soupirant
Jusqu'à la demander ne poussa la démence.

Alors, aigrie ainsi qu'un lait
Qu'en un jour automnal a fait tourner l'orage,
Elle donna tout son cœur laid
Au Dieu des délaïssés, amant choisi par rage.

Et tous les matins qu'Il lui fait,
Le priant, l'implorant durant toutes les messes,
Elle lui cite un nouveau fait,
Décelant l'impudeur des fêtes et kermesses.

Il faut d'abord punir Zulma,
Dont l'amour, dans les bals, avec Gros-Jean s'affiche.
Aussi Francine qui trama
Ce forfait : de poursuivre un presque vieillard riche.

Et tout le village épluché,
Comptant sur l'Éternel pour servir ses rancunes,
Elle est à l'affût du péché,
Rêvant d'un bel enfer pour chacuns et chacunes.

Journal très partial du lieu,
Dont la langue acérée — et sur quel ton revêche! —
Condamne tout, au nom de Dieu,
Telle est, pour son malheur, Mademoiselle Sèche.

Lettre de femme.

Mon beau roman d'amour est tout dans la caresse
Que tu me fis un soir et que je te rendis.
Chère évocation de fugitive ivresse
Où, le temps d'un baiser, je fus au paradis.

Nous étions dans le parc. La lune était voilée,
Avril mourant. Mon corps de plaisir étant las,
Je m'assis, grise un peu de la voûte étoilée,
De tes aveux émus, du parfum des lilas.

Les mots que tu me dis, je les entends encore.
Ils sont un carillon de Noël dans mon cœur,
Et dans ma nuit atroce, un souvenir d'aurore :
« Je t'aime ! »
T'écoutant, je frémissais au chœur

De l'ombre et des grillons. J'étais émue aux larmes.
« Tu m'es une chanson suave en moi riant,
Chanson dont tous les mots affolants sont tes charmes
Que je me redirai dans la tombe en priant.

Je t'aime! »
                    Tu fus maître. Amoureuse et mystique,
Mon âme, un court instant, vogua par le ciel bleu,
Si bien que je ne sais dans ce songe extatique,
Si vraiment je fus tienne ou si je fus à Dieu.

Je ne t'ai plus revu. Sois jaloux. J'ai ma joie.
Un vivant souvenir de ce divin émoi
M'est resté. Le devoir illumine ma voie :
Je suis mère.
                    Adieu, fils, honneur, tout est pour moi!

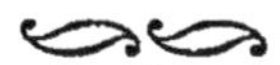

Fleur de tombeau.

Coquette aux cheveux blancs, par la mort oubliée,
Jubilant d'exhiber, sous des airs conquérants,
Son rictus de guenon, souvent humiliée,
Dans les dancings, peuplés de don Juans errants,

Fleur de tombeau du vice est la folle alliée.
Voilant d'un face-à-main ses yeux réfrigérants,
Et faisant émailler sa chair exfoliée,
Elle assouvit encor ses sens intempérants.

Mais l'horreur devant quoi l'on reste bouche bée,
C'est d'ouïr l'ironique et douteux sigisbée,
Dont l'accent laudatif refleurit ses appas.

L'écoutant exalter ce vampire à peau rêche,
On évoque un démon, recouvrant de chair fraîche
Les reliefs d'un vieux cœur, dont son chien ne veut pas!

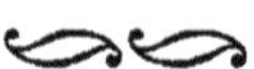

Après avoir souffert.

Après avoir souffert et pleuré l'un par l'autre,
Puisqu'il paraît admis que l'on doit se meurtrir,
Nous reviendrons navrés au nid qui fut le nôtre,
Afin de voir nos fleurs et nos vœux s'y flétrir.

Évoquant le passé, qui fut beau d'espérance,
Quand nous étions vibrants de jeunesse et de foi,
Nous nous attendrirons, amis par déférence,
Nous surprenant, confus, à nous murmurer : Toi !

Tu me diras :
« Vois-tu, le foyer que l'on fonde
Est bien le seul asile où l'on puisse être heureux. »
Et moi, reconnaissant la vérité profonde,
Tenant dans ton aveu sincère et douloureux,

Je répondrai :
« Sans doute, as-tu raison, chère âme.
Mais l'homme est chimérique et met son point d'honneur
A ne pas convenir qu'un feu follet l'enflamme :
Le rêve est le plus grand ennemi du bonheur. »

Et d'accord sur ce point : que nous eussions pu vivre
Unis, vers l'avenir allant main dans la main,
Chacun se pensera, rougissant de poursuivre :
Hélas ! que ne peut-on recourir son chemin.

Instruit par le regret de ses erreurs sans nombre,
C'est lorsqu'on a péché qu'on se met à genoux.
Mais il sera trop tard : La dame aux grands yeux d'ombre,
A qui nous pensions peu, se souviendra de nous.

Ainsi nous partirons, chacun vers son alcôve,
Séparés dans la vie et dans l'éternité,
Pour n'avoir point compris que l'amour seul nous sauve
Des tourments du mensonge et de sa vanité.

Chanson banale.

« Bonjour, Lison, vous êtes belle
A contempler comme un ciel bleu.
— Bonjour, vous, que mon cœur appelle
Son Élu, depuis votre aveu.
— Si tu voulais, ô ma charmante,
Je sais un nid d'amour exquis.
— Parle. A ta voix je suis démente.
Tes désirs te sont biens acquis. »

Muse, entonnons l'épithalame :
La vie, en fleurs, sort des tombeaux,
Quand deux amants, jeunes et beaux,
Dans un baiser se boivent l'âme !

« Bonsoir, Louis, je suis enceinte,
N'es-tu point fier d'être papa ?
— Non ! Que me sers-tu comme absinthe ?
Ah ! sot amour qui m'agrippa !
— Dis, fais de moi ta légitime,
Afin qu'il ne soit pas bâtard ?
— Bonsoir ! Moi, jouer la victime,
M'avez-vous pris pour un jobard ? »

Muse, répandons-nous en larmes :
La vie est laide et l'homme est vil!
Oh! dans quel monde, en quel exil,
Le bonheur simple a-t-il des charmes?

A une jeune fille idéale.

Enfant vénuste et sage,
O toi, dont le corsage
Moule un sein de Phryné,
Ton cœur s'éveille et bouge ?
Pense au Chaperon-Rouge
Si vite endoctriné.

L'homme est un ogre avide.
Épris du fruit sapide
Qu'a mûri ta vertu,
C'est l'envers de ta jupe
Qu'il veut. Ne sois pas dupe
De sa verve, entends-tu ?

Travaille avec courage,
Ainsi, bravant l'orage
De ta jeunesse en fleurs :
Dans l'enfer du mensonge,
Le plaisir est un songe
Qui se résout en pleurs !

De ton honneur jalouse,
Réserve à qui t'épouse,
Ému de ton émoi,
Et ta fougue et ta flamme
Et les lis de ton âme,
Oasis de ton moi.

Et si, désespérée,
Tu vis seule et navrée,
Nul Élu n'ayant point,
Gardant ta foi sereine,
Enfant, meurs de ta peine,
Mais ne t'avilis point !

La divine aventure.

Quand le printemps fleuri, sonnant le carillon
D'appel aux baisers fous, rend les nuits langoureuses,
Dès qu'avril enjôleur dessine en vermi lon
L'arc aux traits enivrants des lèvres amoureuses,
La vierge, dont un songe éveilla le désir,
Découvrant des attraits à la belle nature,
Dans les jardins publics va rêver à loisir,
Espérant y trouver la divine aventure.

Quel sera-t-il le Prince auréolé d'espoir
Par elle entr'aperçu dans sa nuit adorable?
Quels seront ses talents ou son fatal pouvoir?
Que dira-t-il afin qu'on le juge admirable?
Et, d'un regard discret qui voit sans regarder,
Du Monsieur lui plaisant par sa désinvolture,
Elle cueille l'image, et, sans plus retarder,
La voilà chevauchant la divine aventure.

Le rêve est en or pur, la vie est en billon.
C'est ce que penseront beaucoup de demoiselles,
Quand leur beau songe, ainsi qu'un léger papillon,
Au flambeau de l'hymen aura brûlé ses ailes!

La jeunesse étant brève et ne pouvant bouder
L'Amant qui se présente, on devient la future
D'un intrus. L'Amour est un rêve à ravauder,
Il n'est que rarement la divine aventure.

Cantique des cantiques.

— Si je vous donnais ma main à baiser,
Par vous prétendue aristocratique,
Que feriez-vous bien, afin d'apaiser
Mon doute inhumain d'amante sceptique?

— Baisant votre main, donc prenant la clé
Du palais vivant, dont la porte est close,
Je tiendrais ainsi la clé sous scellé,
Pour m'en servir quand vos yeux diraient : Ose!

— Prenez donc la clé de la porte close.

— Et si de ma bouche, affolant fruit mûr
Qu'il doit être exquis, d'après vous, de mordre,
Acompte à valoir sur un bien futur,
De goûter au suc, je vous donnais l'ordre?

— Osant augurer beaucoup plus encor
De cet ordre, à moi donné par vous-même,
J'entrerais grisé dans un rêve d'or,
Naissant du désir dont elle est l'emblème.

— Entrez donc grisé dans un rêve d'or.

— Vous ayant élu, mon Ami très cher,
Et ma foi dans vous ébranlant mon doute,
Si, me conformant aux vœux de ma chair
Et vous couronnant, je me donnais toute?

— Alors, vous prenant avec la ferveur
D'un gourmet qui boit le vin de sa vigne,
En appréciant toute la saveur,
Je vous prouverais que j'en étais digne.

— O Gourmet, bois donc le vin de ta vigne!

Sanctification de l'ivresse, amour pur,
Doigts blancs entrelacés, bouches roses unies,
Soupirs du cœur, frissons de la chair, ciel d'azur,
O Printemps! Je dirai les beautés infinies,

Tenant dans la candeur des timides aveux.
O Poème éternel, l'hésitant : Je vous aime!
Tendre annonciateur du fatal : Je te veux!
Nous ravissant aux chants de son merveilleux thème.

O Baiser, fruit divin, que l'on a le plaisir
De cueillir, frais et mûr, sur la fleur qui le porte,
Fleur à l'arome exquis qu'affina le désir!

Amour, dieu créateur, que serions-nous sans toi?
Mais la Mort aux yeux d'ombre, elle aussi, serait morte,
Si l'Univers entier ne s'aimait sous ta loi!

Éternité de la gueuserie.

Sur un tumulus vert envahi par la ronce,
Dans la Cité paisible où l'on dort à loisir,
Un crâne affreux, dans l'herbe achevant de moisir,
Interrogé par moi, me fit cette réponse :

« Quand le chômage, au temps où j'œuvrais fort, jadis,
Contraignait ma sagesse à négliger le terme,
Un huissier m'expulsait. Ici bas, tout s'afferme,
Tout, la maison, la fosse et jusqu'au paradis !

Ayant eu le regret de ne pas mourir riche,
On me fit les honneurs de cet humus en friche.
Lorsqu'un jour il fallait de la place au suivant,

Le fossoyeur cruel, recors des champs funèbres,
Sans préalable avis m'exhuma des ténèbres.
Et, gueux mort, je me crois encor un gueux vivant. »

Le dit de la faim.

Moi que la Misère abomine,
M'accusant d'extrême rigueur,
Alors qu'indigence et famine
Sont réduites par ma vigueur,
Sur quoi tout repose et se fonde,
Bonne et mauvaise intention,
Si je disparaissais du monde,
Il se mourrait d'inaction :

Tout est leurre
Ici-bas,
Tout, sauf l'heure
Du repas.

Oui, c'est pour moi que l'on s'escrime
A s'entre-dévorer en tas,
Pour moi, la Faim, mère du crime,
Que l'homme est égoïste et bas.
L'amour, ce prétendu grand maître,
A ma voix n'est point étranger,
Sous qui Plouton doit se soumettre :
Je veux dans tous, il faut manger !

Tout est leurre
Ici-bas,
Tout, sauf l'heure
Du repas.

Quand je rugis mon cri de guerre,
Péan des forts, glas des petits,
Le meurtre avide est roi sur terre,
Tant sont cruels les appétits;
Il n'est raison, foi ni morale
Qui puisse avec moi transiger :
« Aimez-vous! » Mœurs de pastorale,
La vie est telle : il faut manger!

Tout est leurre
Ici-bas,
Tout, sauf l'heure
Du repas.

Le paresseux qui récrimine,
Tandis que je le mords au cœur,
Éternel vaincu qui fulmine,
Aboyant au char du vainqueur,
Les tisseurs du néant, sans nombre,
Ont beau tempêter, s'insurger,
Je dis un mot, un seul, dans l'ombre,
Rien plus n'existe, il faut manger!

Tout est leurre
Ici-bas,
Tout, sauf l'heure
Du repas.

Sous mes décrets d'irréductible
Asservissant riches et gueux,
Je suis et reste incorruptible :
« Apaisez mes désirs fougueux »,
Fais-je, avec d'autant plus de rage
Que je vois les gens s'affliger,
Pour qui mon ordre est un outrage
« Où donc prendrons-nous pour manger ? »

Tout est leurre
Ici-bas,
Tout, sauf l'heure
Du repas.

Justice, ô toi, que l'on révère
En effigie, objet de foi,
Promulgue enfin l'édit sévère
D'égalité devant ma loi :
Tous les forfaits que je suscite,
Et que je ne puis préjuger
Me font horreur. C'est explicite :
Mieux vaudrait mourir que manger ?

Tout est leurre
Ici-bas,
Tout, sauf l'heure
Du repas.

Comment mon droit imprescriptible,
Estampillé du sceau de Dieu,
Qui fit l'Homme en soi perfectible,
Est-il méconnu dans tout lieu ?
C'est que leur vil instinct gouverne,
Sans condescendre à déroger,
Les échappés de la Caverne.
Et que chacun veut tout manger !

Tout est leurre
Ici-bas,
Tout, sauf l'heure
Du repas.

Le Poète.

Le rossignol ignore, égrenant sa romance,
Qu'un couple en boit le charme, ému jusques aux pleurs.
La nuit de mai l'inspire. Il prélude, il commence
Et rythme au soir troublé sa joie et ses douleurs.

Le Poète est semblable au Barde ailé. Sa mense
Étant frugale, il chante. Il dit l'amour, les fleurs,
L'homme, esprit subjugué par l'instinct en démence,
La femme et sa beauté, la vie et ses malheurs.

Qu'il soit compris ou non de son temps, contingence!
Il sait que Dieu millimétra l'intelligence,
N'en donnant aux valets de leurs sens qu'un lambeau.

Les thésauriseurs fous ont-ils l'emploi d'une âme?
Il pense. Et sa pensée, il l'irradie en flamme,
Nimbant d'or nos laideurs, qu'il nous transpose en beau.

Parias.

Ils sont trois petits gueux, se tenant par la main :
Le plus jeune a cinq'ans, le cadet sept à peine.
Quant à l'aîné, comptez sur son front de gamin
Que rida la souffrance : il frise la neuvaine.
Bravant l'intempérie, ils vont, priant en chœur :
« Ayez pitié, Monsieur ! »
D'une voix qui tremblote.
Et vous sentez le vent vous donner froid au cœur
Qui souffle, impitoyable, aux trous de leur culotte.
Les deux plus grands, chaussés de bottes d'ogre, ont l'air,
Marchant malaisément, de traîner des futailles.
Le tout dernier, lui, va pieds nus. C'est clair,
Madame Charité fait très peu dans ces tailles.
Essuyant le dédain des passants, résolus,
Ils vont, tels, évoquant sans doute une cocagne
Où d'emblée ils seraient semblables aux Élus,
Les enfants douilletés que leur bonne accompagne.
Ils vont, vaincus sans lutte, en parias du Droit
Que la misère étreint de sa main criminelle,
Leur faisant expier, par la faim et le froid,
L'erreur d'être nés pauvre, ô faute originelle !

Tant que je les verrai gémir sur mon chemin,
Exalte qui pourra, Condorcet, ton génie.
Ils sont tant de petits se tenant par la main
Et pleurant innocents, que, Progrès, je te nie !

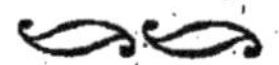

Eau-forte.

Livrant son front d'almée aux baisers du matin,
Libérée un instant du souci d'être belle,
Laïs, du nid doré qu'imagina pour elle
Un nouveau riche ardent, sourit à son destin.

Gueuse, à tout sentiment de dignité rebelle,
— Pour quel problématique et répugnant butin,
Vils déchets, qu'il lui faut disputer au mâtin —,
Une femme en haillons explore sa poubelle.

Soudain, la vie a des bonheurs fortuits, un os
Que le ciel, entendant l'ardent *exaudi nos*
De ce cœur en détresse, a dû mettre en réserve,

Un os, un bel os s'offre et, tant sa faim rugit,
Elle ronge, admirant ma Laïs qui l'observe :
Horreur! Regardant l'autre, aucune ne rougit!

La chanson de misère.

Carabosse au teint basané,
La Misère, en jupon fané,
Savante en argot des poissardes,
Va semer la haine aux mansardes,
Lorsqu'avisant un galetas,
Rempli d'enfants dormant en tas,
Elle improvise un dit néfaste
Et le serine à la plus chaste :
« Moi, si j'avais ton corps félin,
Fatal au désir masculin,
J'aguicherais un Monsieur riche.
Et, nous vengeant, avec son or,
Je m'offrirais un beau Lindor.
Au jeu d'amour, nigaude, on triche ! »

Or, tant d'âmes s'en vont rêvant
Des chansons dites par le vent,
Sur quoi s'établit leur fortune,
Qu'il se produit, assez souvent,
Le rêve étant un sol mouvant,
Que le Diable s'en emporte une.

« Tu veux aimer? Prétendrais-tu
Te consumer dans ta vertu.
Dis un peu, petite gangrène,
Attendant qu'elle monte en graine
Sous les baisers d'un malotru?
Chacun son goût : le chien, féru
D'indépendance, a la poubelle.
C'est jeu de laideron, ma belle.
Moi, si j'avais, sous tes frisons,
Ton air naïf, piège à grisons,
Il me faudrait hôtel, toilettes,
Bijoux, tous les bonheurs, enfin.
Non, si gente et mourir de faim !
Dis, rougit-on sous les voilettes? »

Or, tant d'âmes s'en vont rêvant
Des chansons dites par le vent,
Sur quoi s'établit leur fortune,
Qu'il se produit, assez souvent,
Le rêve étant un sol mouvant,
Que le Diable s'en emporte une.

S'échauffant à son jeu mortel,
Son acharnement devient tel
Qu'elle triomphe avec délice,
Mai, l'enjôleur, entrant en lice.
Alors, son vieux corps décharné,
Flottant dans un jupon fané,
Esquisse un rigodon fantasque !
Et, soudain, reprenant son masque :

« Moi, si j'avais tes seins menus,
D'un galbe à les exiber nus »,
Dit-elle à quelqu'autre ingénue,
Quand celle-ci, faux air marri :
« Ils sont promis à mon mari,
Chez qui tu seras mal venue ! »

Or, Diable et Misère, ici-bas,
Semeurs d'ivraie à plein cabas,
Sont deux maux en une personne
Qui pervertit les galetas
Où, trop d'enfants dormant en tas,
Rien ne se frit quand midi sonne.

La chanson du désir.

Dès que, saturés des pistaches,
Nous frôlons nos quinze ans drôlets,
L'orgueil fou de voir nos moustaches
Se dessiner en poils follets
Suscite en nous un monstre aimable,
Poète insigne et fin matois,
Dont le bagout inexprimable
Chante en nous tous, voire en patois :

« Si la Femme est ainsi qu'une idole animée,
Dont te poursuit le geste obsesseur et troublant,
Ingénu, nous dit-il, c'est afin d'être aimée
Qu'elle évolue, ardente, en ton rêve accablant. »

S'inspirant de Sardanapale,
Il est changeant et dissolu :
Blonde et gracile aux yeux d'opale,
Brune extatique, au corps élu
Des Preux, aimant les folles joutes,
Rousse ou châtain, en qui tout plaît,
Toutes, plus une, il les veut toutes,
Encor est-il insatisfait :

« Toutes se ressemblant, chacune est sans pareille,
Sourit-il, sers-toi donc : La vie est un banquet
Dont l'Amour est traiteur et nous sert la merveille
Des baisers à cueillir. Sers-toi, fais ton bouquet. »

Devenu vieux, il nous torture,
Savourant l'infernal plaisir
De nous voir bouder la future,
Qu'il s'évertue à nous choisir,
Alors que, par lui mis à table,
Nous déclarons n'avoir pas faim ;
Le Désir est insupportable,
Mais notre mort le tue, enfin !

Enjôleur obstiné, jusqu'à l'instant suprême,
Il exalte à nos yeux un fantôme inconnu
Qui nous fait espérer, dans une angoisse extrême,
Le divin Idéal qui n'est jamais venu.

Tristesse.

Notre âme étant le cimetière
Des morts que nous avons chéris,
Dont survit leur pensée altière,
Encourageant nos cœurs aigris,

Lorsque je m'éteindrai moi-même,
Amis chers, que deviendrez-vous?
Mourrez-vous en moi, morts que j'aime,
C'en sera-t-il fini de nous?

Oh! que d'êtres, en grand mystère,
S'en vont, dont Dieu seul sait le nom :
Avec le mort que l'on enterre,
Combien de morts inhume-t-on?

Juré d'assises.

Il manquait une corde à ma lyre émotive :
Le gorille impulsif, dans notre âme emmuré,
Que la saine raison vainement invective,
M'a montré sa hideur. Je viens d'être juré.
Le Démiurge antique est toujours à l'ouvrage,
Cherchant à débrouiller le chaos éternel,
Noble esprit d'ascendance, épuisant son courage
A combattre, en nous tous, l'instinct vil et charnel :
Oh! qu'il apparaît long, aux yeux de qui l'observe,
Le chemin sinueux menant au sommet pur!
Atteindrons-nous jamais la cité de Minerve,
Sur le mont Idéal, bâtie en plein azur?
Que nous sommes donc loin de la Sagesse, encore,
Et qu'il faudra d'efforts pour mater l'animal
Qui de la qualité d'être humain se décore,
Se concédant le droit de ne penser qu'au mal.

Ton savoir positif m'épouvante, ô Science!
Et, me prouvant ce fait : que les hommes sont fous
D'oser croire en toi seule, affermit ma fiance :
Je resterai Poète et plierai les genoux.

Même s'il fit souffrir, j'ai pitié de qui souffre,
Et mon cœur est étreint par une main de fer
Quand je vois l'Utopisme attirer vers le gouffre
Tous ceux que ses prêcheurs ont mûri pour l'enfer :
Enfer du bagne. Enfer de la prison perverse,
Où l'enfant se gangrène au contact des bandits,
Enfer, dont l'appareil cruel me bouleverse :
S'ils sont dégénérés, pourquoi sont-ils maudits?
Et le cri de fureur de mon âme en révolte,
Devant votre arrivisme, engrangeant sa récolte
De misère et d'horreurs, monte à vous, Songe-creux,
Stigmatisant vos fronts au feu de sa colère;
C'est vous qui les avez mis à pied de galère,
C'est vous qui devriez aller ramer pour eux!

La chanson des robes.

Robe de quat' sous,
Sans autre dessous
Qu'un corps souple et ferme,
Que l'amour afferme
A qui le lui prend,
Avec eux, on rend
César idolâtre :
On est Cléopâtre!

Robe en brocart d'or,
Rehaussée encor
De satins, dentelles,
Criant les tutelles,
Visage frais peint
A tous fards bon teint,
Rebutant l'hommage,
On est une image!

Mais robe en coton
Où niche un téton
Toujours en servage,
Qu'un marmot ravage,

S'abreuvant de miel,
Alors, tête au ciel,
D'auréole ceinte,
On est une sainte!

Chantez, mon âme.

Chantez, mon âme, inspirez-vous
De la sagesse imaginaire
Dont les ignorants et les fous
Font leur compagnonne ordinaire.

Qu'oseriez-vous rêver de mieux,
Afin d'éperonner Pégase,
Que les plaisirs ignominieux
Où le Civilisé s'envase?

N'est-il pas divin de songer
Que la débauche est le critère
D'après lequel on peut juger
Notre Élite au fier caractère?

Mais n'est-il point très consolant
De voir que Démos ne l'envie
Qu'afin d'être au vice affolant,
Comme est l'oxygène à la vie?

O volupté du labeur sain,
Dont l'évocation m'enflamme,
Prouvez à tous que tout est vain,
Hors de cela, chantez, mon âme!

Le dit de la mort.

Mais non, m'a dit la Mort, je ne suis pas méchante.
La Vie aux traits cruels, vous délaissant perclus,
C'est moi qui vous recueille. Et l'air que je vous chante
Vous plonge en un sommeil d'où vous ne sortez plus.

Comme vous, j'obéis à la loi souveraine
Qui, sans nous consulter, nous conduit à sa fin.
Je moissonne les sucs dont se nourrit la graine.
Si je suis sans pitié, c'est que le monde a faim.

Quel affolant besoin d'échapper à lui-même,
Dans l'espoir de me perdre ou d'égarer mes pas,
Fait-il de l'homme un fat, tous les plaisirs qu'il aime,
Afin de m'oublier, rapprochant son trépas?

Pourquoi frémissez-vous d'horreur à la pensée
Que mon jour est fatal, qui, dès le berceau, point?
Mon baiser n'est-il point l'unique panacée?
Mais où donc la douleur que je ne guéris point?

C'est une erreur de fait dont votre esprit se navre;
De l'huissier du Seigneur me prêtant le pouvoir,
Vous le craignez en moi. Vous recevant cadavre,
De vo re sort futur. que puis-je bien savoir?

Que pourrais-je vous dire, intéressant votre âme,
Alors que son envol, ailé par un soupir,
Vers le soleil mental, dont elle est une flamme,
Est ce qui me fait être et qui vous fait mourir?

Il n'est donc point douteux qu'elle soit immortelle;
Aussitôt qu'elle émigre, à vos chevets j'accours,
L'*ultimum moriens*, votre cœur qui pantelle,
S'arrêtant au contact léger de mes doigts gourds.

Son jugement s'instruit cependant que j'opère,
Car j'en lis les arrêts dans les yeux que j'éteins;
Les uns, beaux d'un espoir que l'attente exaspère,
Les autres, embrumés par des remords certains.

Celui dont l'égoïsme inspira la folie
D'appeler Droit légal d'inhumaines erreurs,
Celui-là, vainement, son orgueil s'humilie;
D'un châtiment terrible il pressent les horreurs.

Quant au fervent du Bien, sa vision l'enchante;
J'ai beau venir à lui de mon pas le plus prompt,
Rien ne peut l'émouvoir de moi, qu'on dit méchante;
Je sens qu'il voit son Dieu quand je le baise au front.

Le rossignol et les grillons.

Le rossignol, aède à la voix merveilleuse,
Improvisait un hymne aux roses d'alentour.
La nuit, charmante, avait mis la lune en veilleuse,
Afin qu'on écoutât ce chantre de l'amour.

Un grillon, dont le cri rustique animait l'ombre.
Au moment où l'oiseau commença de chanter,
Proféra : « De quel droit cet agitateur sombre
Chante-t-il méchamment, au lieu de m'écouter? »

Indigné de se voir méconnu de la sorte,
Il fit signe aux voisins, prenant l'air sur leur porte,
Et tous de grigriser. Aussitôt resplendit

L'astre aux doux yeux, navré, les invitant à l'ordre.
Mais l'insecte entêté n'en voulant point démordre,
Le rossignol se tut et la nuit l'applaudit.

Matin de neige.

La neige, au matin consterné
De naître ainsi qu'un enfant pauvre
Que nul ne choie aussitôt né,
Prête un manteau de beauté sobre.

Tempérant l'éclat de ses yeux,
La lumière a mis sa voilette
Attristante. Au tréfonds des cieux,
Le soleil est à sa toilette.

Devant le faste inattendu
De ce grand suaire étendu,
Qui poétise êtres et choses,

Tout désir dans l'âme aboli,
On s'imagine enseveli
Sous cet amas de blanches roses.

Les semailles en Gironde.

L'automne a rouillé les bois où la grive,
Songeant aux raisins vermeils savourés,
Dont l'homme, âpre au gain, sans pitié la prive,
Jette au ciel couvert des appels navrés.
Alternant aux chants de la maraudeuse
Répond une voix mâle et vigoureuse,
Claquant, dans l'air froid, comme un coup de fouet :
La voix du bouvier robuste, en vareuse,
Modérant Laouret, stimulant Caoubet.

Ses deux grands bœufs roux, garonnais superbes,
Leur douceur rêvant dans leur œil serein,
Gros faiseurs de pain, broutent un peu d'herbes.
Tandis que le maître est au jet du grain.
Et dès qu'il revient, lui, les sachant braves,
Eux, le connaissant très bon, tel qu'il est,
Tous les trois, sans heurt, ils reprennent, graves,
Leur labour, la voix, quand le soc s'engrave,
Stimulant Laouret, modérant Caoubet.

Se multipliant dans la plaine immense,
Soldats du travail luttant dispersés,
Tous les paysans sont à la semence
Sur les sillons droits par les bœufs hersés.

Chacun d'eux suivi d'une râteleuse
— Au jupon déteint, vieillot, mais propret —
Recouvrant d'humus la graine frileuse,
Tandis que s'entend la voix peu parleuse
Modérant Caoubet, stimulant Laouret.

Ainsi tout le jour : labour, jet de graine,
Effort excédant qui voûta leur dos,
Et le soir venu, quand la cloche égrène
L'Angelus, pour tous signal du repos,
Bouvier, râteleuse et bœufs s'acheminent
Vers la ferme où brille un falot discret.
Tout cela sans geindre et, s'ils récriminent,
C'est contre le ciel bas qu'ils abominent
Lorsqu'il fait chômer Caoubet et Laouret.

O sérénité de l'âme rustique !
Pour les bœufs vieillis, le boucher fait loi.
Quant aux laboureurs, nul d'eux n'est sceptique.
Faisant du travail leur acte de foi,
Ils savent qu'au soir de leur vie active,
Tout entière usée aux soins du guéret,
Qu'avec grand amour chacun d'eux cultive,
Ils écouteront la mâle invective
Du gars, stimulant Caoubet et Laouret.

A un jeune homme ambitieux.

Quand tu seras bachelier,
Fils d'artisans, dont le père
S'éjouit à publier
Le bonheur qu'il en espère,
Sauras-tu concilier,
Toi que son fol amour blesse,
Ton orgueil et sa simplesse,
Quand tu seras bachelier ?

Quand tu seras bachelier,
Prouvant ton intelligence,
Daigne, oh ! daigne l'oublier;
La paresse est une engeance
A ne pas multiplier.
Évitant sa léthargie,
Travaille avec énergie,
Quand tu seras bachelier.

Quand tu seras bachelier,
Pour l'honneur de l'humanisme,
Au paternel atelier
Cours, vivant anachronisme,

Et loin des fous à lier,
Si t'étreint quelque souffrance,
Dis-toi que c'est pour la France,
Quand tu seras bachelier.

∽∽

Hiver.

L'hiver sévit rude, et morne.
Sur les arbres dénudés,
Que le gel de givre adorne,
Les deux moineaux excédés,
Muets et gonflant leur plume,
Attendent, l'air douloureux,
Que la Providence allume
Son soleil, un peu, pour eux.

Et le soir, sous la marquise
Du temple abritant l'accès,
Où Laïs, actrice exquise,
Glane et gogos et succès,
Pauper tremblant s'abandonne
A prier, l'air malheureux,
Mendiant pour qu'il rayonne
Un peu de plaisir sur eux.

Mais la Providence est sourde,
Vains sont les gens s'amusant,
Dont l'âme est obtuse et lourde.
Aussi, lorsqu'Avril plaisant,

Pour leurs nids, de ses doigts souples,
Vêtira bois et roseaux,
Il manquera bien des couples
Chez les gueux et les oiseaux !

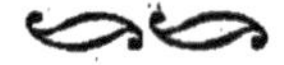

Printemps.

Les pêchers sont en fleurs. C'est l'instant des péchés
Que l'Amour fait commettre,
Péchés roses ainsi que des fleurs de pêchers,
Si doux à se permettre.
L'air est, comme un lit chaud, saturé de langueurs,
Les femmes sont jolies.
Vierges et jouvenceaux, prenez garde à vos cœurs,
C'est l'instant des folies!

Isolons-nous, mon âme, et fuyons le danger
De voir passer les couples
Se baisant, comme s'ils prétendaient se manger,
Enlaçant leurs corps souples.
Mon âme, isolons-nous. Le désir a ses lois,
La nature est charnelle,
Mais Avril, pour chacun, ne fleurit qu'une fois,
Dans la vie éternelle.

Ballade des sensitifs-nés.

Sensitifs-nés, Rêveurs, ô Fous,
Qu'un cri d'enfant démoralise,
Qu'un pleur met sens dessus dessous.
La douceur se volatilise.
Ne pouvant prier à genoux
Dieu, qu'on tua dans son église,
Si la femme se virilise,
Dans quels bras nous blottirons-nous ?

Las ! notre âge est celui des loups,
Tant l'Univers se civilise.
Chacun de tous devient jaloux,
Prétendant que tout s'égalise.
Et nous avons guerre à tous coups :
Le bolchevisme apostolise.
Si la femme se virilise,
Dans quels bras nous blottirons-nous ?

Or, l'enfant vénuste aux yeux doux,
Elle aussi se personnalise,
Devant se donner des atouts,
Puisqu'il faut qu'elle rivalise

Le mâle, qui n'est son époux
Que durant qu'il la dévalise :
Si la femme se virilise,
Dans quels bras nous blottirons-nous ?

Envoi.

Prince, ô protecteur des époux,
La Garçonne se réalise.
Si la femme se virilise,
Dans quels bras nous blottirons-nous ?

Devant la mort.

Chacun, selon son âme et selon sa culture,
Nous parlons de la Mort avec désinvolture.
    Oh ! nous savons que nous mourrons,
Que nous devrons mourir, mais le plus tard possible,
Prions-nous, éludant notre angoisse indicible
    Du jour terrible. Et nous errons.

Ce volontaire oubli de notre fin certaine,
Que nul ne différa, la désirant lointaine,
    Nous rend cupides et méchants.
Fous, qui croyons avoir inventé la sagesse,
Notre idéal se borne à vivre avec largesse,
    Captant la Fortune aux doux chants.

Ainsi tout condamné de ses désirs s'enivre,
Escomptant du bonheur plus qu'il n'en saurait vivre :
    Avidité du cœur humain !
Voguant vers les plaisirs, nul vent ne nous arrête.
La Mort vient à son heure : « Ami, ta chambre est prête
    Et je t'en montre le chemin ! »

L'ordre est impératif. L'hôtesse inattendue,
Sourde aux cris de terreur, dont la vie éperdue
En vain l'assaille : « Ayez pitié ! »
Usant de la rigueur à ses fins nécessaire,
Nous enlace et nous prend, effroyable adversaire
Qui meurtrit sans inimitié.

Et tout finit ! A moins que tout ne recommence ?
La tombe avide ouvrant sur le mystère immense
Dont l'édifice est couronné.
Or, fidèle auditeur de mes pensers funèbres,
Je voudrais les transcrire, affrontant les ténèbres
Par quoi je suis environné.

Évoquant la Cité définitive, ouverte
A nous tous, j'imagine et vois mon corps inerte,
Dormant, figé dans son linceul,
Du sommeil qui rend sourd au fracas du tonnerre,
Je perçois jusqu'au bruit douloureux de la terre
Qui l'emprisonne, à jamais seul.

Seul avec les agents de sa métamorphose,
Dont il fut la promesse avant d'être la chose.
Et cet amas serait tout moi?
Comment le serait-il? Je pense et juge encore,
Estimant déplacé l'éclat dont se colore
L'orgueil des survivants. Pourquoi?

Puisque j'ai fui l'horreur du prétendu moi-même,
Que je vois, nettement étendu, vert et blême,
Du moi, naguère exubérant,
Qui n'était que la brute à mon char attelée,
Dont l'instinct, parlant haut dans mon âme affolée,
Se conduisait en conquérant.

« Serf des jeux sensuels, dont tu pris ta part belle,
M'en imposant le goût, dans ta prison charnelle,
Tu m'as assez longtemps tenu.
Libéré des tourments de pourvoir à ta vie,
Je pars, t'abandonnant à la faune allouvie,
Qui croît en toi, lugubre et nu ! »

Ayant fait à mon corps cet adieu très sincère,
Je sors du rêve et suis, dans toute ma misère,
Devant un tumulus, pensant.
Hélas ! j'en suis réduit à raffermir mon âme,
Émue aux traits aigus d'un scepticisme infâme,
Touchant le secret angoissant.

Et je la réconforte en pensant. Et j'insiste ;
Un parfum me ravit, donc une fleur existe.
Quant à son immortalité,
Je m'en cherche une preuve éclatante et la trouve ;
Notre avilissement raffiné me la prouve.
Rien n'atteint sa vitalité.

Vainement un sophiste, impudent Mascarille,
Se libère, affirmant qu'étant fils du gorille,
Il se doit d'être un animal,
Afin de s'affranchir des devoirs qui font l'homme.
Contre lui, son cynisme argumente et l'assomme,
Le bien se prouvant par le mal.

Vainement un savant prétendu s'exaspère,
Brûlant de couler bas la nef dans quoi j'espère,
Par son nirvâna sépulcral.
Espérer dans le doute est l'effort méritoire.
Si Dieu m'était prouvé, je cesserais d'y croire,
Rien n'étant plus vrai ni moral.

J'ai beau considérer la sinistre butée,
Je ne puis concevoir ma pensée arrêtée
Dans ce moulin, cerveau perdus,
Maintenant dépourvu de l'énergie abstraite
Qui l'animait, naguère, — et non point qu'il sècrète, —
La preuve ? Un fait : Il ne moud plus.

Donc, l'âme est par essence immortelle et divine,
Émanant du Soleil mental, où je devine
L'Absolu, dont a faim mon cœur,
Qui, le Droit idéal inspirant sa sentence,
Jugera sans appel le procès en instance
Qu'intenta le juste au vainqueur,

Dissèque, induis, déduis, analyse, ô Science !
Ton trébuchet subtil pesant ma conscience,
Résolue en plasma mortel,
Décris-moi doctement cet asile, où Dieu trône,
Quand l'intérêt, fertile en compromis qu'il prône,
N'en a jamais souillé l'autel.

Le fauve, qui s'embusque aux buissons de la route,
Ne s'attrista jamais, torturé par le doute.
Sans scrupule, il tue, ayant faim.
L'homme a beau, s'étayant de sa philosophie,
Jouer l'heureux bandit, qu'un temps vil déifie,
Le remords l'attend à sa fin.

O Mort, de ton repaire, où la chair s'élimine,
Je reviens au labeur que la joie illumine !
Étoile, au zénith d'un ciel noir,
Éclairant d'un reflet ta faux libératrice,
J'ai vu dans tes yeux d'ombre, ô moralisatrice,
Fulgurer un rayon d'espoir !

Espoir d'un au-delà, que nous cherchons encore,
Alors qu'en traits de feu, dont l'azur se décore,
La Vérité toujours a lui,
Indiquant à Platon, le juvénile antique,
L'airain sur quoi Socrate établit son éthique,
Aussi pure et grande que lui.

O divin Idéal, vers qui l'homme évolue
Du jour où, dépouillant l'ignorance absolue
Qui du Vrai le tenait banni,
Stimulé par l'excès même de sa souffrance,
Il se mit en chemin, guidé par l'espérance,
Vers le progrès indéfini!

Aux yeux de la raison, qui de clarté s'abreuve,
Nul discours éloquent n'égalant une preuve,
Il est séant d'argumenter;
Dieu, c'est l'homme à son point culminant d'ascendance.
Nous avons progressé. Donc, de claire évidence,
Il est. Nous devons l'attester.

En douter, c'est traiter nos aïeux d'imbéciles,
Les injures aux morts sont des succès faciles.
L'étaient-ils vraiment plus que nous?
Méditant leurs leçons, fécondes et bénies,
J'oserai proclamer le plus grand des génies
Le premier qui fut à genoux.

Et c'est aussi douter de notre intelligence.
C'est assimiler l'homme à la brutale engeance;
Sens repus, son rêve est atteint.
C'est régresser vers l'ombre et remonter l'histoire;
Le bon sens, en faillite auprès de sa victoire,
Donnant la parole à l'instinct.

L'instinct régnant, tout choit. Quelle ironie amère;
Le droit, tant invoqué, devient une chimère.
L'hommage à la Force étant dû,
La mêlée accentue en horreurs sa tourmente,
Cependant que l'Esprit, débordé, se lamente,
Enfant qui n'est pas entendu.

Et je ne gage point. Je ne prends croix ni pile,
O Pascal, dans le jeu subtil et malhabile
Qui te fit miser sur la foi.
M'en tenant aux leçons par la raison données,
Ouvrier du Devoir j'accomplis mes journées;
Mériter Dieu. Telle est ma loi.

Comment serais-je dupe, intronisant le Juste,
Afin de consacrer ma volonté robuste
A l'aimer de tout mon pouvoir?
Le bonheur le plus grand n'est-il point dans l'estime
Du Moi, se souriant dans son miroir intime?
Donc, mériter Dieu, c'est l'avoir.

Et fort de mes raisons d'espérer, je chemine
Vers un ciel aussi beau que je me l'imagine;
Suivez-moi, les Irrésolus!
N'escomptez nul secret de la Mort au front blême;
Lorsqu'elle est, c'en est fait de l'angoissant problème.
Qu'apprendrait-elle à qui n'est plus?

Étoile du soir.

Comme un enfant que berce en chantonnant sa mère,
Abandonne au sommeil ses chagrins passagers,
Mon cœur aigri s'apaise, écoutant la Chimère
Entonner des refrains que l'on dit mensongers :

« Qu'attends-tu de la vie, au déclin de ton âge,
O Poète insensé qui de vent te repais ?
La mort, paradis noir qu'un Dieu bon te ménage,
A défaut de bonheur, te donnera la paix. »

Intervient ma raison, difficile à séduire,
Qui prétend m'imposer l'art de se bien conduire
En reléguaut le Rêve au nom du clair savoir.

Mais, naufragé mental voguant sur l'onde amère,
Je n'abandonne point mon radeau d'Éphémère,
Que pousse vers la côte une brise d'espoir.

DEUXIÈME PARTIE

LES INTOXIQUÉS

Hommage amical
à
MADAME ET MONSIEUR FERNAND DUCOS

E. T.

Évolution.

Le Bistrot, chez nous, a remplacé l'Agora.
C'est devant son étain que le Peuple expectore
Sur tout : ce qu'il croit, sait ou jamais ne saura,
S'empoisonnant d'alcool qui, dit-il, le restaure,

Mais dont la griffe atteint jusqu'aux fils qu'il aura!
L'inventeur du poison peut ouater sa pléthore,
Qu'un ministre abusé du ruban décora,
Notre pays en meurt, mais sa maison s'instaure!

Quoi, ç'était pour cela, glorieux précurseurs,
O militants du Vrai, poètes et penseurs,
C'était pour que Démos s'intoxiquât, adulte,

Que votre vie ardente en labeur s'écoula?
Ton calvaire et nos deuils, quoi, c'était pour cela,
Terre de liberté, France, objet de mon culte?

Le Temple.

Un comptoir — marbre, etain, stuc ou bois — est l'autel
Dont l'alcool, suzerain de la fée opaline
Et des amours, est Dieu. Servant sacramentel,
Un chimiste infernal, de qui la main câline,

De ce panvenemum effroyable Vatel,
Dose au choix les ferments : Paresse, Indiscipline,
Vol, Crime et Châtiment, l'inspirateur mortel
Rendant la langue agile à trop parler encline.

Tables, verres, nickels primitifs ou jolis,
Bancs, tabourets, tambour en vitraux dépolis
S'offrant au mot fameux : « Laissez toute espérance. »

Tel est le temple immonde, injure à la raison,
Envahi par Démos, oubliant sa maison,
Où se joue en buvant le destin de la France !

Le dieu.

Oraison à saint Alcool.

Tremblant de fureur vengeresse
Devant tes forfaits, ô poison,
Dont le culte effrayant progresse,
Je veux te dire une oraison :

Ils t'ont fait dieu, dans leur détresse
D'âme, prairie en fauchaison,
O saint Alcool, dont la prêtresse
Met le malheur dans leur maison.

Ils t'ont fait dieu, dans l'allégresse,
Saint Alcool, tueur de raison,
Procréateur de la paresse,
Et pourvoyeur de la prison !

Ton culte avilissant, l'ivresse,
Se célèbre en toute saison ;
Amante aux griffes de tigresse,
Elle est toujours en floraison !

Or, les amants de la traîtresse
Ayant un ciel sans horizon,
Ils n'aspirent qu'à sa caresse.
L'homme est un éternel oison!

Tant de ménages en détresse,
Où les pleurs coulent à foison,
Du fait des fous, que basse ivresse
A fait sombrer dans l'irraison!

Tant de ménages en détresse,
Et tant de pauvres enfançons,
Par Ivrogne et veule Pauvresse,
Procréés entre deux boissons!

Vaincus que l'atonie oppresse,
Oui, tant de pauvres enfançons,
Prédestinés à la paresse,
Dont l'avenir est en rançons!

Quelle Atlantide enchanteresse,
Encor lointaine à l'horizon,
Détient le fruit, tueur d'ivresse,
Et le réserve à quel Jason?

Mais quel État, dans sa tendresse
Pour leur pauvre âme, en fauchaison,
Nous prouvera qu'il s'intéresse
A sa splendide floraison?

L'Idéal! Peuple, ô trahison!
Tu bois et, cependant, l'ogresse
De toi faisant un vil grison,
Nul progrès humain ne progresse!

Les victimes.

Ronde des dégénérés.

Avortons, Dégénérés,
    Condamnés
A ramper, dépourvu d'ailes
Pour voler au lilial
    Idéal,
Du cloaque amis fidèles,

Nous sommes les Gnomes, nés
    Gangrenés,
Du vice et des vils négoces,
Et nous naissons étampés,
    Échappés
Par miracle aux mort-aux-gosses !

Intronisée en nos cœurs
    Sans vigueurs,
Paresse est la trottoireuse
Dirigeant, — pour lumignon
    Son chignon, —
Notre vie aventureuse,

Nous inspirant dans l'alcool
Qui rend fol
A tuer ses père et mère,
Pour les dévorer sanglants,
Pantelants,
Notre infernale chimère

Est d'aller, vils artisans,
Partisans
Du bien-vivre et ne rien faire,
Par le browning, le surin,
Front serein,
Dans la nuit chercher affaire.

Alors, gare à toi, passant !
Dans ton sang,
Fusses-tu pauvre, il n'importe,
Nous glanons billets ou sous
Qui font saouls,
Donc joyeux, d'une âme forte.

Vivant ainsi dans l'effroi
Du beffroi,
Dont l'obsédant glas nous raille,
Car Guillotin de sa main
Mit : Demain !
Devant nous sur la muraille,

Nous végétons vils et mous,
Malgré nous
Pensant par intermittence,
Et, serfs du tyran désir,
Sans plaisir,
Nous traînons notre existence.

Cependant, nous, vibrions,
Voudrions
Un Dieu. Notre âme ravie
Lui dirait : Que les fauteurs,
Nos auteurs,
Punis vivent notre vie !

RITOURNELLE.

Nous réclamons de l'État,
Potentat
Spéculant sur nos pituites,
La remise de l'impôt,
Tant par pot,
Qu'il prélève sur nos cuites.

Celle dont l'âme est morte.

Les yeux pastellisés par l'hypnose accablante,
Qu'elle impose à son corps débile et surmené,
La cocaïnomane, à l'allure indolente,
Sortant de sa torpeur, est un songe incarné.

Un cauchemar vivant, issu de la c rvelle
De quelque fou sadique obsédé de jouir,
Aspirant la senteur vénéneuse et nouvelle
De fleurs que l'enfer seul doit voir s'épanouir.

Et, fantôme accroupi sur sa tour abattue,
Ne croyant qu'aux frissons dont elle se meurtrit,
Elle attend les appels du poison qui la tue.
Rien de pur ne vit plus dans son cœur incontrit.

Ainsi, s'exténuant à vivre un rêve impie,
Elle adore un dieu faux et cruel : son plaisir !
Sa volonté défunte, en son âme assoupie,
Est un fil d'Ariane impossible à saisir.

Ayant atteint le fond de son ignominie
Et muré sa pensée en ce fond ténébreux,
Du clan des Appelés, elle s'excommunie,
N'écoutant que les dits de ses désirs scabreux.

A ce degré d'erreur, toute espérance est vaine.
Pour qui réalisa l'infini dans le mal,
Doublan le cap ombreux de la bassesse humaine,
Le cycle est clos : l'instinct ramène à l'animal!

Quelle horreur monstrueuse a bien pu te séduire,
Sirène, obnubilant ta jeunesse aux abois?
N'avais-tu point la Foi, s'offrant à te conduire,
O Femme, ignorais-tu que l'amour a ses lois?

Toi qu fus désirée, ayant été jolie,
Quel amant fantaisiste, insultant ta beauté,
Put t'induire à sombrer dans l'inepte folie
De sculpter en toi-même un moule à volupté?

Le Devoir, sur lequel la Sagesse s'appuie,
Me répond, inspiré par son humanité :
L'homme est un désœuvré trop heureux qui s'ennuie.
Du bien-être excessif naquit l'insanité.

Ainsi va cette épave, au teint blème et qui navre,
Sans frayeur de la Mort attachée à ses pas,
A travers un désert promenant son cadavre,
Dont les vers du tombeau même ne voudront pas!

Les méfaits de l'alcool.

Quotidienne tragédie.

On attend Papa. Les petits, tremblants,
De leurs doux bras blancs,
Prenant à l'assaut la Maman qui pleure :
« Dis-nous, tout à l'heure,
Si, rentrant, papa marche en trébuchant,
Sera-t-il méchant?
Devrons-nous lui dire : Adieu, petit père?
Et s'il s'exaspère,
Si, de sa voix rogue, il rugit : Va-t'en !
Dis-nous, dis, maman,
Devrons-nous aller nous blottir dans l'ombre? »
Mais la mère est sombre,
Leurs propos craintifs évoquant les soirs
Douloureux et noirs,
Où l'homme, ayant bu, la malmène et crie
Durant qu'elle prie
Vainement : « Tais-toi ! Les voisins diront :
Encor? et riront ! »
Et l'heure avançant, ses chagrins redoublent,
Que ses enfants troublent,

Jurant : « S'il te bat, nous te défendrons ! »
De leurs chers bras ronds
L'étreignant plus fort, dans une caresse
Douce à sa détresse.
Cependant, le père avait bien promis
D'être enfin soumis
A la loi qui rend l'homme raisonnable.
Faute impardonnable,
Puisqu'il sait très bien qu'il est attendu
Pour payer le dû,
Afin d'assurer la niche et la soupe.
Quel cerveau d'étoupe !
Il boit sa semaine et ne rentrera
Que lorsqu'il n'aura
Plus un sou, meuglant le : « Gare à qui bouge ! »
Qu'il dit, voyant rouge,
Lorsqu'il est très saoul. Oh ! maudit alcool
Qui me le rends fol !
Songe en soupirant cette pauvre mère,
Dont la peine amère
S'aggrave en pensant que ses deux petits,
Dont les appétits
Lui font chaud au cœur, quand on met la table,
Ce soir lamentable
N'auront même pas un morceau de pain.
Quel tourment leur faim !
Et les rassurant ainsi, bouche à bouche,
Preste, elle les couche,
Leur disant : « Papa ne rentrera pas »,
Ajoutant tout bas :

« Dormez, chérubins. On dit qu'un Dieu juste
    Reçoit l'âme fruste
Des petits enfants qui n'ont pas dîné
    Dans son ciel orné
De fleurs, dont la vue est une merveille :
    Volez-y, je veille ! »
L'homme est survenu, qui gronde, à présent :
    « Comme il est plaisant,
Rentré du travail, de trouver sa femme
    Vous jouant le drame !
Vas-tu me servir à manger ou non !
    Tu sais bien mon nom :
Jean-qui-ne-craint-rien. Obéis, prends garde ! »
    Elle le regarde
Et sanglote. Alors, devenu dément,
    De rage écumant,
Étant le plus fort, lâchement il ose
    La traiter en chose
A subir les coups de ses poings mauvais :
    « Un mot, je m'en vais !
Conclut-il. Je veux plus de confortable :
    Toujours bonne table.
Une épouse experte, aimant son mari,
    Le tient bien nourri,
Sachant du ménage assurer le vivre ! »
    Horreur ! Le monstre ivre
Enfin tombe et cuve ! En un tournemain,
    Que serait demain
Né d'un aujourd'hui sans une espérance ?
    Terme à leur souffrance,

Elle atteint, sans bruit, le seau du charbon,
Le sourire est bon
De la Mort, à ceux qu'a bernés la vie!
Et semblant ravie,
A ses deux petits recroquevillés,
Qu'il a réveillés :
« Dormez, chérubins. Dans ma foi robuste,
J'admets qu'un Dieu juste,
Pour les malheureux ayant bien souffert,
Tienne un ciel ouvert :
Je vais en goûter la paix surhumaine,
Et je vous y mène! »

Les tournois d'éloquence arrosée.

Liberté.

— Ah ! non, c'en est assez de tes sottes attaques;
Eh tu ne sais prêcher que selon saint Jean-Jacques,
M'exhumant de son œuvre un angelot touchant;
L'homme est un animal hypocrite et méchant,
Ne se civilisant que par esprit de lucre,
Te dis-je, ours qui fait l'âne afin d'avoir du sucre.
Quant à la liberté dont tu veux, t'échauffant,
C'est un browning chargé dans les mains d'un enfant,
Devenant un danger pour l'innocent qui passe.
Mais, ne discutons point, tels des fous, dans l'espace,
Et définissons bien ce qu'est la liberté,
Par toi revendiquée avec tant d'âpreté,
Au nom du malheureux qui, lui, demande à vivre.
Oui, qu'est-ce et qu'entends-tu par ton vague : Être libre
Je sais : La liberté, due à tout citoyen,
Est l'enclos personnel, ceint d'un mur mitoyen,
Mur à l'abri duquel, étant seigneur et maître,
Sans nuire à son voisin, il peut tout se permettre.

Tels sont les droits de l'homme, ou liberté d'État,
Qui font du meurt-de-faim lui-même un potentat,
Chez lui, sous la réserve expresse et restrictive,
Que cette liberté fameuse et relative
Confère aux possesseurs les mêmes droits qu'à lui;
Permets, j'ai la parole!
Or, voilà qu'aujourd'hui,
Entiché de grands mots, féru de modernisme,
Ne parlant que science et que déterminisme,
— Et c'est là, s'il te plaît, que le bât me fait mal —
Du devoir tu prétends affranchir l'animal?
Berger sentimental de fade pastorale,
Au nom des appétits condamnant la morale,
Tu laisses à chacun le soin de décider
Du chemin qu'il prendra pour te déposséder,
A son heure, à son jour, de tes droits d'homme libre,
Invoquant, contre eux tous, celui qu'il a de vivre?
Mais tu ne vois donc pas, en raisonnant ainsi,
Que tu te contredis absolument?
Ceci :
Que de la liberté la morale est la base,
Ne t'aveugle-t-il point?
Figé dans ton emphase,
Ne discernes-tu pas que notre liberté
N'a de solide appui que dans l'honnêteté
De l'encombrant voisin, dont le vrai nom est : Foule?
Que s'il est défaillant au devoir, tout s'écroule?
Quelle digue opposer au cynisme, aujourd'hui?
Le principe éternel :
Fais pour le bien d'autrui...

La conscience?
Ah! non, tu me la bailles belle;
C'est en la reniant que vous comptez sur elle?
Allons, tu divaguais!
Conviens donc avec moi
Qu'on ne gouverne pas un Peuple avec la loi,
Femelle subissant tout rut, lorsqu'il s'impose!
Je dis : Il faut qu'il soit.
Donc il est autre chose,
Le gendarme idéal que l'on appela Dieu,
Gendarme universel qui voit tout, dans tout lieu,
Au maintien du bon ordre est encor nécessaire.
Que dis-je, aussi longtemps que son vieil adversaire,
Notre instinct, gîtera dans nos cœurs ténébreux,
Aussi longtemps son nom, espoir du malheureux
Et terreur du méchant, sur lequel tout se fonde,
Sera la sauvegarde et la clarté du monde.
Oui, déplorons l'orgueil et l'*inhumanité*
Des prétendus savants, grands par leur vanité,
Qui vont le blasphémant, aussi fous que grotesques,
A coups d'arguments faux, lourdement pédantesques,
Et croyons!
Il faudrait, vivant dans son milieu,
Que l'homme fût un dieu pour se passer de Dieu.
Mais il n'en est pas là, pauvre être qui s'abreuve
De raisons contre lui.
Tu m'en fournis la preuve.

Les tournois d'éloquence arrosée.

In vino veritas.

— Tous des enfançons, des marmots,
Crétinisés par les servages,
Qui vous payez avec des mots,
Et dont l'alcool fait des sauvages !
Mais, concrétons :
Mon vieux Fabien,
O toi, qui nous prétends nés libres,
Et qui, prouvant que tu l'es bien,
Tous les jours que Dieu fait, t'enivres.
Libres chez qui, libres de quoi?
Un verre, un seul, tu t'agenouilles.
Donc le Bourgeois, il est en toi,
Qu'il faut d'abord que tu verrouilles.
Le cherchant ailleurs, nous errons.
Gouverne en toi, deviens un homme,
Sois ton vainqueur et nous verrons
Si c'est l'Affranchi qu'on te nomme.

Et toi, des dieux, il n'en faut pas?
Panégalitaire impassible,
Tu veux niveler par le bas,
Le seul nivellement possible,
Puisqu'il n'est pas en ton pouvoir
D'allonger tous les court-de-taille?
Alors les grands, par le savoir
Ou l'argent, contre eux en bataille,
Pan ! tu les raccourcis en bloc?
A quand le grand soir? Quelle fête !
Mais, dis-moi donc, Procuste en toc,
Que leur couperas-tu? La tête,
Les pieds? Et la taille étalon,
Qui te la fournira, toi-même?
Lors, un quelconque Myrmidon
Te jugeant grand : Couic! Il t'écrème
Pour un résultat Proudhonien,
L'égalité dans la mouise !
Ah ! sacré niveleur de rien,
Qui me fais mouiller ma chemise!
J'y songe : Le droit t'est acquis
De grandir, d'être un personnage.
Va donc, plane en pays conquis,
On peut ce qu'on veut, en notre âge.
Tu ris?
Oui, je suis saoul, d'accord :
La rouge ambroisie est ma dame.
Mais si je bois sans faire effort,
C'est que le vin est le Sésame
Libérateur, qui m'ouvre un ciel
Où je vis des bonheurs en foule,

Dans un monde artificiel.
C'est pour rêver que je me saoule.
Or, rêver, c'est encor penser,
Et pensant, je reste optimiste.
Tandis que toi, sans t'offenser,
Tu n'es qu'un affreux boulimiste!
Un goulu, voulant s'abreuver
Dans le pichet de tout le monde.
Jouir, manger, boire et cuver,
Au fond, voilà la loi profonde
Exaspérant ton appétit
e chien, jaloux de l'os du frère,
Et se moquant bien du petit,
Si, lui seul, il pouvait le traire!
Comment?
J'ai le Bordeaux méchant?
Que non point. Dis : Vrai, donc sévère,
Armé de l'argument touchant :
« Patron, donnez-leur donc un verre,
Et du prohibé, du maudit! »
Tu vois, Louis, on s'humanise.
Cependant, je ne t'ai rien dit.
Mais il n'importe, on fraternise,
Et c'est ta joie. Alors, suçons,
De la loi d'amour c'est la trame.
Bast! Tout finit par des boissons.
Et, rentrant, tu battras ta femme
Méchamment, pour la rabonnir.
Aux seuls jours secs la faribole.
Trinquons, nous tous, et pour finir,
Écoutez une parabole :

Jadis, naquit sous le ciel bleu,
Un Être éminent en sagesse,
Connaissant les secrets de Dieu,
Qu'il divulguait avec largesse.
Sa parole était comme un vin
Réconfortant, comme une flamme
D'amour pur, comme un air divin
Qui transportait, ravissait l'âme :
« Dédaignez les biens d'ici-bas,
Disait-il à la foule émue.
L'envie en malheurs les transmue.
Semez des roses sous vos pas.
Soyez humains, doux, charitables,
Pardonnant leurs fautes à tous.
Aimez donc d'amours véritables.
Aimez. Au gueux, frappant chez vous,
A deux battants ouvrez la porte,
Car le geste où le cœur n'est point,
Qu'est-il, sinon la branche morte
A brûler? La vérité point.
Je vous dis la bonne œuvre est grande
Et compte seule aux yeux de Dieu.
Donnez donc, afin qu'il vous rende! »
Ainsi parlait sous le ciel bleu
Jésus, envers le Pauvre amène.
Alors, pour étouffer sa voix,
Au nom de la justice humaine,
On le fit mourir sur la croix!
C'est lui, le Dieu dont le flanc saigne,
Après un si lointain trépas.

Et c'est sa loi qu'on nous enseigne,
Mais en ne la pratiquant pas.
Loi de bonheur pourtant unique
Pour rénover l'humanité.
Or, depuis son supplice inique,
Plus qu'avant, tout est vanité.
Les longs discours, les beaux systèmes,
Frais pendus par vous dévorés,
Sont tous et ne sont que des thèmes
Pour Sinécure aux bras dorés !
J'ai dit :
— Si j'avais ta parole
Et ton savoir, ô Déclassé.
— Que ferais-tu ?
— J'aurais mon rôle
Dans le concert intéressé !
— C'est un aveu que j'enregistre.
Bourgeois, tu ferais ce qu'ils font.
Devenus député, ministre,
Et tu blâmes ceux qui le sont !

Les tournois d'éloquence arrosée.

Paradoxe.

— Des mots, ta charité, ton secours mutuel;
L'égoïsme a fondé le bien-être actuel,
Et ta pipe à sa gloire est un encens moderne.
Mais songe un peu :
Depuis l'ancestrale caverne,
D'où l'aïeul chassait l'ours, que se fût-il passé
Si le Fort n'avait point lentement amassé,
Narguant ta charité narquoise et gaspilleuse?
La laide humanité serait encor pouilleuse,
Et, loin de siroter ton doux apéritif
Dans la paix de ton cœur, animal combatif,
Dévorant son fricot pantelant sans gamelle,
Tu dormirais dehors, épuçant ta femelle!
Tu protestes, vieux frère?
Ah! non, paix à ta voix,
Et mettons-nous d'accord, veux-tu, pour une fois?
Le meurtre pour la vie est la loi naturelle.
Oui, mon cher, le moineau mange la sauterelle.

Mais, patience, il est à son tour dégluti
Par un faucon passant, dont il est le rôti.
Et, de la plus petite à la plus grosse bête,
Chacune, à son repas, doit s'offrir une tête!
C'est un fait.
Je t'entends :
L'homme, roseau pensant,
Se doit d'être au-dessus de cette loi de sang.
Alors, donnant au faible un pouvoir sans limites,
Taisons-nous et donnons la parole aux termites!
Mais le Christ est venu, nous prêchant :
« Aimez-vous! »
Que ne nous disait-il plutôt :
« Loin d'être doux,
Armez-vous, car la vie est une guerre atroce,
Dont sortira vainqueur toujours le plus féroce. »
Alors, loin de jouer l'éternel pleurnicheur,
Sachant que l'avenir serait au plus tricheur,
Dépouillant le vieil homme et sa simplesse crasse,
T'entraînant à la course, à la lutte, au pancrace,
Tu serais devenu, terrible envers chacun,
Le monsieur dont on dit, le voyant : C'est quelqu'un!
Et tu pourrais dans l'or éructer.
Polygame,
Tu dormirais les nuits sur de la peau de femme,
Sentant bon la richesse à faire éternuer!
Hélas! Ainsi que moi, tu peux te remuer :
C'est couru, maintenant!
Vieux et sans espérance,
Dans un très vague anis, noyant notre souffrance,

Quand nous trouvons les francs payant ces liniments,
Nous en sommes réduits aux amers boniments,
Pour avoir dans la paix voulu vivre à la douce.
Mais ne sois pas chagrin.
Dans l'avenir qui pousse,
Nous repoussant à nous, j'entrevois des mangeurs
D'un appétit cruel, qui seront nos vengeurs.
Fini le temps joli des idylles suaves!
Au jeu tel qu'il se joue, ils deviendront des braves
Voulant vivre, et si bien que, dans peu, c'est certain,
C'est à coup de browning qu'on gagnera son pain!
En attendant ces jours, que nous verrons peut-être,
N'étant pas les plus forts, nous devons nous soumettre.
Bast! A quoi sert-il donc de tant expectorer?
L'art, c'est de découvrir de quoi se restaurer.

Les révoltés.

Dit de miséreux.

Moi, si j'étais riche à pourrir,
Ainsi qu'on dit dans le grand monde,
Voulant rire avant de mourir,
Je m'offrirais, dans la seconde,
Le suivant régal surhumain :
Tout l'or, dont je serais le maître,
Je le prendrais à pleine main,
Pour le jeter par la fenêtre !
Aussitôt, vers moi convergeant,
Accourrait le troupeau d'esclaves
Qui vont gaîment s'entr'égorgeant
Pour le métal aux rayons flaves.
Tous les vils eunuques, meuglant
Leur platitude au dieu moderne,
Oui, je les verrais s'étranglant,
Comme aux beaux jours de la caverne !
Se mordant, s'entre-déchirant,
Ils se mettraient en marmelade,
Et cela serait délirant,
J'en rirais à tomber malade !

Et les morts feraient un gros tas!
Car c'est pour l'or qu'on s'entre-tue,
Que l'on est méchant, lâche et bas,
Qu'on se vend, qu'on se prostitue!
Alors, pour dignement finir,
Bêtise humaine, tu me navres :
Ces morts, afin de les bénir,
Je cracherais sur leurs cadavres!

Coupe d'amertume.

Alcool suave, en qui librement je m'épanche,
Sois mon inspirateur, ô mon ami très sur ;
Mon être humilié pleure et veut sa revanche,
Et dans mon cœur l'abcès de la colère est mûr.
Tu sais si j'ai souffert, toi qui comptas mes larmes
Dont tu sus l'amertume, ô doux consolateur !
Étais-je assez naïf ! Ce sont les seules larmes
Que j'opposai naguère au vil usurpateur.
J'adorais ma compagne au corps souple. A sa bouche
Je buvais à ma soif le vin pur de l'amour.
Et j'eusse volontiers gîté dans sa babouche
Pour la voir me sourire.
                                        Elle s'en fut un jour.
La douleur se répand, mais ne peut se traduire.
Être aimé n'est donc pas un suffisant bonheur,
Ou bien n'est-on méchant que par besoin de nuire ?
Mon seul ami se fit larron d'or et d'honneur.
Le produit des travaux de ma rude existence
Devint aussi sa chose. Ils rient à mes dépens.
Oh ! me venger, bravant tribunal et potence !
Est-ce à moi d'implorer ? — Pardon, je me repens

Du mal que tu m'as fait ?

Un fils me restant d'elle,
J'obéis strictement à la voix du devoir,
Afin que dans la suite il y restât fidèle.
Le malheur a des guets que nul ne peut prévoir.
J'aimais tant mon enfant que j'oubliais sa mère.
Que m'en a fait la guerre ?

Il dort, je ne sais où.
Et dans mon âme en deuil où chanta la chimère,
Hulule au désespoir un effrayant hibou !
N'attendant rien de plus, ma vie est creuse et vaine.
Pourquoi lutter ? Le crime est toujours le plus fort.
Ayant vu le tréfonds de la bassesse humaine,
Je m'érige en arbitre et me condamne à mort !
Mais je veux, par un meurtre exemplaire et tragique,
Des auteurs de ma peine affliger le milieu :
Inspire-moi, je cherche un tue-homme énergique,
Qui me fera gagner la croix d'honneur de Dieu !

Ascension.

O Phraseurs, votre instinct vous mène à la cravache !
Ah ! que le voilà bien l'autocrate absolu
Dont vous êtes les serfs, sous vos airs de bravache,
Dissimulant un cœur cupide et dissolu,
Qui vous fit oublier que vous avez une âme.
Malheureux esprits forts, vous qu'on appelle ainsi
Par antiphrase : Au gré de vos désirs en flamme,
Vous rampez devant eux, obsédés du souci
Torturant de faiblir, de tomber en détresse
Sans avoir eu le temps d'abreuver le pourceau,
Sans avoir asséché les auges de l'ivresse,
Puisant une ardeur feinte aux relents du ruisseau.
Révoltez-vous, enfin ! Gouvernant en vous-même,
Élevez l'Idéal que vous placez en bas
Afin d'être immoraux à loisir, par système.
Vous paraissez chercher le bonheur sous vos pas.
Tels vont les chiens errants affamés de pâture,
Leur odorat subtil subodorant les os.
Ainsi, vous rabaissez la divine nature
Qu'est la vôtre, et Malin vous grimpe sur le dos.
Mais qu'espérez-vous donc? Ici, non plus qu'en Chine,
L'Or n'est pas un lichen germant sur les pavés.

En marchant affaissés vous prêtez votre échine,
Vous dis-je. Et s'emparant de vos songes rêvés,
Malin, pour son bien-être exclusif, les concrète.
Vous bernant des chansons dont il va vous gavant,
Il vit. L'État-Patron nourrit qui l'interprète,
Tandis que vous restez Gros-Jean comme devant.
Libérez-vous de lui. Gouvernant en vous-même,
Instruisez-vous, afin de devenir meilleurs.
Vous haïssez. Pourquoi vouloir que l'on vous aime ?
La richesse est en vous, n'attendez rien d'ailleurs.

*
* *

Malin discourt :
« Le ciel ne tient pas les promesses
Que vous font ses prêcheurs vivant sur votre bien.
Dieu, c'est le capital des trafiqueurs de messes;
Sevrons-les ! »
Je réponds : Le ciel ne nous doit rien,
S'acquittant envers nous en nous donnant la vie,
Et l'homme est seul fauteur de toute iniquité !
O Vaincus, escortant le char de basse Envie,
Voici que, rougissant de votre pauvreté,
Des fous ambitieux devenus les Ilotes,
Vous meuglez aux plaisirs croyant être touchants !
Allons, vous dérivez sous de mauvais pilotes,
Puérils jusqu'au jour où vous serez méchants !
J'ai dit : Vous avez tous la richesse en vous-même,
Réalisez-la donc. Goûtez la volupté
De vous voir, maître en vous, résolvant le problème
De la vie en bonheur par travail et santé.

Mais non. Votre santé, que des excès sans nombre
Vous ont fait compromettre, à leur appel courant,
Est semblable au serin qu'on oublia dans l'ombre,
Ne se le rappelant que lorsqu'il est mourant.
Quant au labeur si noble, il n'est qu'un vil servage,
Témoin des cruautés de temps qui ne sont plus,
Dont vous subissez tous la loi rude et sauvage,
Qu'on vous impose au nom d'idéaux vermoulus.
Quel blasphème !
O Travail, élixir de jeunesse
Et de santé robuste! O moralisateur
Sans égal ! Que pour tous la religion naisse
Dont tu seras le dieu, vénéré créateur !
Malin vous prêche encor :
« Positifs et pratiques,
Nous voulons, ici-bas, réaliser le ciel.
Espérez, dans très peu, nous ouvrirons boutique
Et vendrons du bonheur en flacons, tel du miel ! »
Quel est ce bonheur, dont les proches avalanches
Bientôt vous raviront ?
Les sens vivant au trot,
Festoyer tous les jours, devenus des dimanches,
Jouir ?
De celui-là, vous n'en avez que trop.
Vous n'en avez que trop et c'est ce qui vous blesse,
Ce qui fait marmonner vos sens inassouvis,
Vos sens, oui, vils chacals qui vous tiennent en laisse,
Et qui, toujours repus, sont toujours allouvis.
Jouir ! C'est la chanson par quoi l'on vous recrute,
O Gueux, dont l'idéal tient dans le verbe Avoir !

Chanson qui vous ravale au niveau de la brute,
Et vous fait nier Dieu pour nier le devoir.
Vous n'en avez que trop de ce bonheur factice,
Qui fait du plus brave homme un bavard impuissant,
Un fou, contre le ciel criant à l'injustice,
Qui ne lui donna pas la fortune en naissant!
C'est de quoi vous pestez : chacun veut être riche,
Mais l'oisiveté veule est à l'ordre du jour.
Les chardons ont germé dans les âmes en friche,
Y tuant le froment de sagesse et d'amour :
« Comment donc fait Un Tel, dont la vie admirable
Est une invite aux bonds de son faste insolent,
Le savez-vous? Naguère, il était misérable. »
L'argent absout le crime aux yeux de l'indolent :
« Tout à tous! »

Va clamant l'envieux irascible
Qui, s'il possédait rien, forcerait le respect.
Mais, d'ailleurs, son mensonge est un rêve impossible,
Et devenant possible, il resterait abject.
Un vent de convoitise a soufflé sur le monde,
Chacun veut d'un bonheur qu'il ne définit point.
Et l'esprit, d'un système à l'autre, vagabonde :
C'est nous qu'il faut changer.

*
* *

Or, un jour nouveau point :
Poète, ami du Bien, que ton cœur se surmonte,
M'a dit la Vérité, me parlant dans la nuit.
La laide humanité va sombrer dans la honte,
Si n'est point rappelé Celui qu'on éconduit :

Dieu!
Vois et réfléchis. Sortant de la tuerie,
Qui n'a pas agrandi la terre d'un arpent,
Vous redevenez serfs de la ploutolâtrie,
Sous l'or, bas idéal des meurt-de-faim, rampant.
O néant des trésors qu'un fol avare amasse!
Où donc est l'Atlantide où Crésus ne meurt point?
Cependant, la démence a pénétré la masse.
Les grands payant en faux, les petits font l'appoint.
La lutte pour la vie est d'autant plus brutale
Que c'est du superflu, dont on rêve à l'ennui,
Au sang éperonné par la soif de Tantale.
Sombre avenir. Demain sera fait d'aujourd'hui. »

*
* *

L'Or, c'est l'esprit d'orgueil s'insinuant dans l'ombre
Et suggérant le crime aux vassaux d'Attila.
Ce sont nos fiers soldats, fauchés en fleurs, sans nombre,
Et tant de malheureux que le fer mutila.
Mais c'est aussi l'injure à ton culte, ô Patrie!
L'Or, qui ne poussa point de racine en ton sol,
Ses fidèles tenant l'honneur pour duperie,
Mal acquis aux jours clairs, aux jours noirs prend son vol,
Tel l'oiseau migrateur, quand l'hiver l'épouvante,
S'enfuit aux lointains bleus que fleurit le soleil,
Cependant que pour lui, de bravoure émouvante,
Tes fils devront verser à flots leur sang vermeil.
O criminelle erreur d'un infâme égoïsme!
Vers le meurtre en commun dirigeant leurs efforts,

Les hommes affolés font assaut d'héroïsme,
Pour la douleur d'ouvrir leurs Panthéons aux morts !
Nobles cœurs féminins, vous qui montez la garde
Au tombeau des Aimés en rupture d'amour,
Mères, Femmes en pleurs, tout cela vous regarde,
Condamnez plutôt l'être à ne pas voir le jour !
Si, désormais, l'hymen doit fleurir du carnage,
Si vos enfants normaux sont destinés au Feu,
Si leur deuil est le lot que l'amour vous ménage,
Éludant à jamais la douceur de l'aveu,
Fermez, oh ! oui, fermez vos girons à l'étreinte,
Rebelles aux laideurs des baisers évasifs !
O tristesse, ô douleur, dont mon âme est empreinte,
Pleurez, vous résolvant en dits persuasifs !
Nous passons notre vie à mourir, d'heure en heure.
Vers la tombe, au sortir du berceau, nous courons
D'un tel pas, entraînés par l'espoir qui nous leurre,
Que nous mourons un peu, songeant que nous mourrons.
Et ce n'est pas assez que le malheur nous guette,
Toujours prêt à bondir sur nous, dans le chemin
Que l'homme sacrifie encor à la conquête,
Portant à l'infini le déshonneur humain.
Mais que nous ont valu les succès de nos armes?
Chacun le sait, le dit, le crie et le redit :
La guerre se traduit par sang, misère et larmes.
Cependant l'Univers s'obère à son crédit !
Des milliards de francs et des millions d'hommes,
Quel total de bonheur et quel monceau de pain !
Pour un tel résultat, verser de telles sommes,
N'est-ce point trop payer gloire, faillite et faim?

O pauvre humanité qui, subjuguant ton âme
Et n'obéissant plus qu'à de vils appétits,
Cours après la Chimère à travers feux et flamme;
La Raison, nous jugeant, doit nous voir bien petits!
Mais, résultat brutal de cette sombre affaire,
Pleurant nos disparus, il faut payer les frais;
Payons! Chacun sa pierre à la France à refaire.
Unis dans son amour, marchons vers le Progrès
D'un pas allègre.

*
* *

Enfant, que ton pays renomme,
La volonté s'éduque, on peut ce que l'on veut.
Il s'agit, avant tout et surtout, d'être un homme.
Écoute, ô toi de qui la jeunesse m'émeut :
La grande ville, à flots torrentueux accrue,
Très libéralement, confère aux malheureux
Le droit de vivre en paix leurs tourments. Dans la rue,
Nul ne les montre au doigt, ils y sont trop nombreux.
Mirage hallucinant les fervents du programme :
Maximum de plaisirs par minimum d'efforts,
En fait, elle est l'arène où le cœur humain brame
Sous les crocs d'un luxe effréné, faiseurs de morts.
La lice où se combat ce monstre insaisissable :
L'Or-dieu, symbolisant Vichnou sur son grand char,
Cet Or qui rend le frère au frère inconnaissable,
Et fait du monde, à vendre, un effarant bazar!
Fuis cet enfer, fuis-le, si cela t'est possible,
Échappant au plaisir, très subtil harangueur
De cet antre du vice, où Dieu n'est pas visible.
Vois l'avenir superbe, offert à ta vigueur,

Dans les champs, sous le ciel;
Le soleil qui féconde
Y rend la vierge encline à la maternité,
Et fait croître et mûrir du pain pour tout le monde.
Donc, l'homme y fait son nid pour une éternité.
Ouvrier, tu ne peux, dis-tu, quitter la ville?
Soit. Organisons-nous pour t'y développer
Sainement, fortement, selon la loi civile
Et la tienne.
Et d'abord, pour ne point achopper,
L'alcool ouvrant la porte aux pires des faiblesses,
Note : La tempérance est le secret des forts.
D'un vouloir énergique, il faut trancher les laisses
Dont te tient ton instinct, qui subit tous ses torts,
Le lâche étant toujours le bourreau de lui-même.
N'imitons point celui que sa crainte affola
De ne pas lire entier l'avilissant poème
De la vie, à sa fin limitant l'au-delà.
Rien ne se perd des actes insensés des hommes :
Le Passé repenti, qui pleure à nos genoux,
S'accusant, nous induit à penser que nous sommes
Les maîtres de tous ceux qui viendront après nous.
L'idéal nous contraint de relever la tête.
N'as-tu point admiré le ciel, par un soir pur?
Telle est l'âme où chantonne, ainsi qu'un air de fête,
Sa foi dans un destin moins féroce et plus sûr.
Foin du malheureux fou que l'envie exaspère!
Quoi qu'il ait, où qu'il aille, il désire en tout lieu;
Son plaisir s'amoindrit du plaisir qu'il espère.
La sagesse est en nous la vision de Dieu,

Qui nous fait rechercher le bien qu'Il nous inspire ;
L'eau pure et le pain bis sont des mets savoureux
Quand, robuste et serein, vivant sous son empire,
On combat ses désirs d'un esprit valeureux.
Sois continent : L'amour est la vertu céleste,
D'enfants, espoirs vivants, fllurissant l'avenir.
C'est la communion dans la vie. Et son geste
Est le geste sacré dont tu dois t'abstenir
Jusqu'au jour d'ivresse où, fondant une famille,
Aimant d'un cœur loyal dans un corps vigoureux,
Tu jouiras des biens que l'impudent gaspille,
D'autant que tu suivras ces conseils rigoureux.
Mais, dérivant ta fougue, agis intensément :
Faïs de ton corps l'asile enchanteur de ton âme,
Dépense-toi, cours, vis, sois jeune immensément,
Brûle aux jeux des sports saints le surcroît de ta flamme,
Cultivant cet enclos du bonheur : la santé.
La santé, fleur de vie ardente et magnifique,
Au parfum de vaillance et de moralité,
Qui font l'esprit lucide et la chair pacifique.
Et le soir, lorsqu'en nous s'attendrit l'être aimant,
Sois fort. Te regimbant, lis avec patience.
Ce que dit un auteur, l'autre auteur le dément,
Donc, ne confonds jamais auteur avec science ;
Le vin pur de l'orgueil a grisé l'être humain,
Et gris il a chassé l'idéale Antigone,
Qui, lorsqu'il s'égarait, le prenait par la main.
Tel l'aveugle esseulé, maintenant il bougonne :
« Vivons, Dieu s'est perdu dans l'immense Univers,
Dit-il, dont la science a vu l'infinitude ! »

Oh! l'ingénu blasphème, issu d'un cœur pervers,
O logique écrasante, ô sublime altitude!
Reconnaître une cause à tout effet borné,
Et la nier devant l'Univers, sent la secte,
Qui, sciemment, professe un système erroné :
La splendeur de son œuvre ennoblit l'architecte!
Ne t'ayant pas fait Roi, le ciel fut inhumain!
Mais, Dieu réalisant les vœux de tout le monde,
Tu te plaindrais encor, négateur, c'est certain.
Et, sommé par vous tous, faut-il qu'Il te réponde,
T'honorant des faveurs qu'il doit au mécréant,
L'Être que tout esprit de bonne foi dévoile?
Oui, faut-il qu'à tes pieds Il murmure : « O Géant?
Voudrais-tu, pour toi seul, la lune ou quelque étoile?
— Non, l'étoile a ses lois!

— Donc, un législateur
Qui prédétermina ses lois à l'origine.
A ceux qui te diront, niant le Créateur,
Raisons du cœur, réponds :

— Non point, raison divine,
Puisque, du monde entier, la croyance est la loi.
Les nègres africains n'ont jamais lu la Bible,
Cependant, chacun d'eux, témoignant de sa foi,
L'adore à sa façon. Quel critère infaillible!
Mais sa preuve est en toi, dont on se dit le nom,
O grand homme, y songeant, tu briserais ta plume :
Ton art, tout l'art humain, Phidias, le Parthénon,
Que sont-ils près du ciel, quand Orion s'allume? »
« L'homme est un animal! »,

Clame-t-il, exultant,
Afin de s'excuser de les prendre en exemple.

Ce blasphème imbécile est pour eux insultant,
Le chimpanzé ni l'ours n'ayant bâti de temple.
L'honneur d'espérer Dieu nous était réservé.
Et pour l'humanité, quel beau titre de gloire,
Surtout s'il n'était point le paradis rêvé :
Espérer dans un Dieu paie amplement d'y croire.
Jeune homme, note enfin :
Mécroire est d'un poltron,
Toute morale humaine étant très inhumaine,
Ouvrier, que te font les fins de ton patron
Si tous les samedis tu reçois ta semaine?
Ainsi de Dieu. Vis donc sans torturer ton Moi.
Bien qu'il reste insensible à toutes patenôtres,
Le bonheur le plus grand est inscrit dans sa loi :
L'oubli complet de soi devant les maux des autres.
Réalise-la donc en toute probité
Cette loi, tu seras payé de tes souffrances,
Sans nul doute, ayant cru, songe à l'infinité.
Quoi donc, Dieu faillirait avec ces références?

TABLE DES MATIÈRES

PREMIÈRE PARTIE

Les Résignés.

DEUXIÈME PARTIE

Les Intoxiqués.

14.207. — Bordeaux, Imprimeries Delmas, Chapon, Gounouilhou. — 1927.

www.ingramcontent.com/pod-product-compliance
Ingram Content Group UK Ltd.
Pitfield, Milton Keynes, MK11 3LW, UK
UKHW021153260726
13994UKWH00001B/439